결국 당신은 아파트를 사게 된다

결국 당신은 아파트를 사게 된다
국민 경제 멘토 김경필의 똘똘한 내 집 마련 필승법

1판 1쇄 인쇄 2025. 6. 23.
1판 1쇄 발행 2025. 6. 30.

지은이 김경필

발행인 박강휘
편집 임여진 | 디자인 정윤수 | 마케팅 이헌영 | 홍보 이한솔 · 강원모
발행처 김영사
등록 1979년 5월 17일(제406-2003-036호)
주소 경기도 파주시 문발로 197(문발동) 우편번호 10881
전화 마케팅부 031)955-3100, 편집부 031)955-3200 | 팩스 031)955-3111

저작권자 ⓒ 김경필, 2025
이 책은 저작권법에 의해 보호를 받는 저작물이므로
저자와 출판사의 허락 없이 내용의 일부를 인용하거나 발췌하는 것을 금합니다.

값은 뒤표지에 있습니다.
ISBN 979-11-7332-261-7 03320

홈페이지 www.gimmyoung.com   블로그 blog.naver.com/gybook
인스타그램 instagram.com/gimmyoung   이메일 bestbook@gimmyoung.com

좋은 독자가 좋은 책을 만듭니다.
김영사는 독자 여러분의 의견에 항상 귀 기울이고 있습니다.

• 이 책은 《이제는 똘똘한 아파트 한 채가 답이다》(2020)의 개정증보판입니다.

결국 당신은 아파트를 사게 된다

김경필 지음

국민 경제 멘토 김경필의 똘똘한 내 집 마련 필승법

김영사

이런 분들에게 권합니다

주택 구입에 확신이 없는 2030
집값이 너무 올랐는데 앞으로 꼭 집을 사야 할까?
내 월급으로 도시에 아파트를 사는 게 가능할까?
인구가 줄어들면 나중에 집값이 폭락하는 것은 아닐까?

내 집 마련을 어떻게 해야 할지 고민인 3040
일반아파트 청약으로 신규 분양에 도전하는 것이 나을까?
내 집 마련 전략은 언제 어떤 방법으로 세우는 것이 좋을까?
대출은 얼마나 어떤 방법으로 받고 또 상환해야 할까?

더 나은 집으로 옮기고 싶은 4050
미래 주택 가격은 무엇에 영향을 받고 또 어떤 원리로 결정될까?
지금보다 더 나은 프리미엄 지역으로 이사 가는 것이 좋을까?
여러 주택 중 다 팔고 단 하나만 남겨야 한다면 무엇을 남길까?

머리말

이 책이 세상에 나오게 된 이유

 2024년 가을에 나온 아홉 번째 책에 이어 열 번째 책을 서둘러 집필하게 됐다. 최근 미국 주식시장의 변동성이 커지면서 그동안 차곡차곡 쌓아온 수익이 한꺼번에 손실로 전환된 서학 개미가 너무도 많았기 때문이다. 그로 인해 많은 사람이 재테크의 방향성을 잃고 갈팡질팡하는 모습을 보이고 있다. 그들에게 궁극적으로 분명한 재테크의 로드맵이 필요한 시기라고 생각했다.
 이제 '똘똘한 아파트 한 채'를 키워드 삼아 심화되고 있는 부동산시장의 양극화와 차별화에 어떻게 대처해야 할지 그 전술적 지식을 전달하고자 한다. 물론 아직 자본이 부족한 사람에게 아파트는 주식에 비해 초기 자본금이 커야 한다는 진입장벽이 존재한다. 하지만 장벽 너머에 무엇이 기다리는지 정확히 알면 그 장벽을 넘고 싶은 생각이 들지 않을까?

이 책이 주택 구입에 확신이 없는 2030에게,
내 집 마련을 어떻게 해야 할지 고민인 3040에게,
더 나은 집으로 옮기고 싶은 4050에게,
큰 도움이 되길 바란다. 아울러 선택과 집중을 통해 성공적인 인생 재테크를 하게 도와주는 길라잡이가 되기를 소망한다. 우리가 앞으로 살아갈 시대가 어떻게 변할 것이며 그런 변화가 주택 가격에 어떤 영향을 줄 것인지, 과연 '똘똘한 아파트 한 채'의 향방은 어떻게 될 것인지를 이 책으로 알게 될 것이다.

2025년 여름
김경필

차례

머리말 이 책이 세상에 나오게 된 이유 ·········· 6

1장 내 집 마련은 '똘똘한 아파트 한 채'로 하라

1. 똘똘한 아파트, 왜 이토록 중요할까? ·········· 14
2. 자수성가형 부자들은 주식보다 아파트를 택한다 ·········· 25
3. 똘똘한 한 채 '넘사벽' 수익률의 비밀 ·········· 37
4. 주택 가격, 양극화에서 초양극화로 향하다 ·········· 48
5. 어디에나 생겨나는 지역별 '강남'의 4가지 조건 ·········· 58
6. 서울의 대표적인 으뜸 주거지, 여의도와 강남 ·········· 67
7. 아파트 쏠림 현상은 결국 안전욕구 때문이다 ·········· 76
8. 늘어나는 고소득 가구, 강남 입성을 노리다 ·········· 81

2장 집값을 알면 내 집 마련의 길이 보인다

1. 주택 가격은 무엇으로 구성돼 있을까? ······················· 92
2. 전세와 월세의 흐름을 알면 미래의 아파트 가격이 보인다 ············ 104
3. 강남 한강뷰 신축, 명품의 또 다른 이름 ······················· 114
4. 초고가 아파트는 '보장된 맛집'이다 ························· 125
5. 미들 리스크와 미들 리턴이 사라지는 시대 ····················· 133
6. 지역마다 가격 상승률이 다른 이유 ························· 139
7. 똑똑한 아파트, 도대체 언제까지 오를까? ····················· 152
8. BTS의 인기가 이해되지 않는다면 재테크는 포기하라 ············· 160

3장 똘똘한 아파트, 못 산다는 말은 핑계다

1. 재테크 베스트셀러의 저자는 실제로 재테크에 성공했을까? 166
2. 집값이 너무 올라서 집을 못 산다는 말이 사실일까? 176
3. 아파트 한 채에 전 재산을 묶어도 괜찮을까? 183
4. 둘이 모으면 얼마나 모을 수 있을까? 188
5. 똘똘한 한 채 마련을 방해하는 '오적'이란? 193

4장 똘똘한 아파트 한 채를 위한 플랜 6가지

1. 결혼 후 15년, 싱글은 50세 전까지 내 집 마련 끝내라 206
2. 자금 목표는 결혼 전부터 만들라 211
3. 지역, 크기, 형태 빅픽처는 일찍 그려라 217
4. 종잣돈은 정기적금이 기본이다 225
5. 집은 현금으로 사지 말라 233
6. 청약저축으로 디딤돌을 만들라 241

5장 내 집 마련 실전 노하우

1. 대출, 얼마나 받고 사야 문제가 없을까? ······ 250
2. 호가 · 시세 · 실거래가 · 급매가 분석 ······ 254
3. 부동산 중개업소 사장님과 친해져야 하는 이유 ······ 260
4. 급매는 못 잡더라도 비싸게는 사지 않는 법 ······ 265
5. 발품을 팔아야 후회가 없다, 6단계 실행 프로세스 ······ 275

부록   알아두면 유용한 사이트 ······ 286

똘똘한 아파트, 왜 이토록 중요할까?
자수성가형 부자들은 주식보다 아파트를 택한다
똘똘한 한 채 '넘사벽' 수익률의 비밀
주택 가격, 양극화에서 초양극화로 향하다
어디에나 생겨나는 지역별 '강남'의 4가지 조건
서울의 대표적인 으뜸 주거지, 여의도와 강남
아파트 쏠림 현상은 결국 안전욕구 때문이다
늘어나는 고소득 가구, 강남 입성을 노리다

1장

내 집 마련은 '똘똘한 아파트 한 채'로 하라

1-1
똘똘한 아파트, 왜 이토록 중요할까?

내 집 마련이란 누구나 평생 마음속에 간직하고 있는 꿈이다. 어떻게 집을 마련해야 할까? 어떤 집을 골라야 할까? 돈을 벌어서 가장 먼저 해야 할 것은 주식도 펀드도 아니다. 단언컨대 내 집 마련은 자산 관리에서 절대로 포기하면 안 되는 최우선 목표다. 주거 공간은 누구에게나 필요하기 때문이다. 집은 모든 인간에게 평생 꼭 필요한 필수재 성격이 강하기 때문에 집값의 상승과 하락이 구매 여부에 큰 영향을 주지 않는다.

또 우리나라 주택시장에서는 현실적으로 주택을 보유하는 것보다 보유하지 않는 것이 리스크가 훨씬 더 크다. 집값이 비싸서 구입을 포기하는 사람이 많아진다고는 하지만, 한편에선 여전히 많은 사람이 자신이 원하는 지역의 '똘똘한 아파트'를 사려고 하기 때문이다. 즉 집에 대한 수요가 없는 것이 아니라 똘똘한 아파트가 아닌 곳에 대한 수요가 없는 것이다. 따라서 자산 관리에 대한 별다른 준비도 없는 상태에서 그저 집을 사지 않겠다고 고집하는 것보다는, 내 집 마련을 첫째 목표로 삼고 목돈을 모으려는 노력이 반드시 필요하다.

내 집 마련을 똘똘한 아파트로 해야 하는 첫째 이유는 아파트가 '소비재'인 동시에 '자산'이기 때문이다.

세상에서 돈을 주고 살 수 있는 물건은 크게 소비재와 자산으로 나뉜다. 소비재는 일정 기간 사용하는 물건을 일컫는다. 가구, 의류와 같은 소비재의 가격은 그 물건의 사용가치에 따라 매겨진다. 이는 곧 사용할 수 없는 물건에는 가격이 형성되지 않는다는 뜻이기도 하다.

반면에 한 번 사면 보유하고 있는 동안 없어지지 않고 계속 현금을 만들어주는 것이 있다. 바로 자산이다. 주식, 채권, 부동산 등이 이에 속하는데 자산의 현재 가격은 소비재처럼 사용가치에 따라 정해지는 것이 아니라, 미래에 얼마만큼의 현금 흐름을 가져다줄 수 있는지에 따라 책정되기도 한다. 우리나라 주택은 특이하게도 소비재의 성격을 띠는 동시에 자산의 성격을 띠는 하이브리드형 물건이라고 볼 수 있다.

내 집 마련을 똘똘한 아파트로 해야 하는 둘째 이유는 장기적으로는 주택을 사는 비용보다 빌리는 비용이 더 커질 수 있기 때문이다.

집은 너무 비싸니까 사지 않고 빌려 쓰는 게 현실적인 선택이라고 생각하는 사람도 있을 수 있다. 유럽 등 다른 나라의 경우 대부분 모기지mortgage가 발달했기 때문에 주택을 보유하는 대상으로 보기보다는 장기로 빌리는 대상으로 인식하는 경향이 강하다. 그것을 보고 우리나라에서도 주택 마련을 포기하고 평생 집을 빌려서 살면 되지 않을까 하고 생각하는 것이다.

하지만 집을 빌려서 살면 손해다. 안타깝게도 우리나라에서는 유럽의 사례와 같이 집을 장기간 빌리는 일이 쉽지 않다. 집을 보유하지 않더라도 (수도권 기준) 집값의 55~60% 정도를 전세금으로 넣어두어야 하기 때문이다. 만약 집을 살 수 있을 만큼의 돈이 있음에도 집을 평생 빌려 쓴다고 가정해보자. 집에 투자하지 않고 남은 40~45% 정도의 자산을 다른 곳에 투자하여 매번 집값 상승 이상의 수익을 내야만 한다.

하지만 투자를 한다고 했을 때 매번 성공한다는 보장이 없을 뿐만 아니라 투자에 상당한 시간과 에너지를 빼앗기며 이것은 자신의 생업에도 지장을 주고 삶의 안정성을 흔들어놓는다. 또 잘못하면 자산의 손실도 각오해야 한다.

게다가 살면서 2년 또는 4년에 한 번씩 집을 옮기는 수고를 감당해야 한다. 집값 상승률의 문제를 떠나서 안정적인 주거환경을 조성하기 위해서라도 반드시 '1주택' 보유를 기본 목표로 삼아야 한다.

지금은 정교한 주택 마련 계획이 필요한 때

대한민국 아파트 시장의 핵심 키워드 '똘똘한 아파트 한 채'. 이 말은 앞으로도 유효할까? 전국의 미분양 아파트가 현재 7만 호가 넘고 저출생으로 인구가 감소한다는 이야기는 어제오늘의 이야기가 아니다. 하지만 아이러니하게도 바로 이런 이유 때문에 더더욱 주목받는 핵심 키워드가 바로 '똘똘한 아파트 한 채'다. 장기적인 경기침체 그리고 인구 감소로 인한 초도심 집중화가 메가 트렌드 '초양극화'를 만들어냈기 때문이다.

아무 데나 사도 다 오르는 시대, 아무 때나 대출을 받아 사도 되는 시대는 지났다. 영혼까지 끌어모아 아무 데나 사면 망한다. 영혼까지 끌어모아 서둘러 준비하되 나에게 맞는 주택 마련 계획을 세워야 한다.

— 전국 미분양 아파트 추이

구분	미분양 현황				
	전체	준공 전	준공 전 비율	준공 후	준공 후 비율
2025년 1월	72,624호	49,752호	69%	22,872호	31%
2024년 12월	70,173호	48,693호	69%	21,480호	31%
2024년 11월	65,146호	46,502호	71%	18,644호	29%
2024년 10월	65,836호	47,529호	72%	18,307호	28%
2024년 9월	66,776호	49,514호	74%	17,262호	26%
2024년 8월	67,550호	51,089호	76%	16,461호	24%

자료: 부동산 정보 사이트 '부동산지인'

2024년 말에 발표된 통계청 〈주택소유통계〉를 보면 우리나라는 전체 가구 수의 43.6%인 약 962만 가구가 무주택 가구다. 저출생으로 인구는 꾸준히 줄어들지만 주택을 필요로 하는 가구 수는 오히려 크게 증가하고 있다. 결혼으로 인한 분가, 새롭게 독립하는 1인 가구의 증가가 가장 큰 이유이고 그 밖에 이혼이나 졸혼 같은 새로운 주거 형태의 등장이 주요 원인이다. 이렇게 가구 수가 증가하는 만큼 집을 사겠다는 실수요는 늘어난다. 게다가 집이 있는 사람들까지도 집을 또 사려는 경우가 생겨나면 대기수요도 늘어난다.

사유재산 보호를 중요시하는 자본주의 국가에서 본인의 의지로 집을 여러 채 갖겠다는 것을 막을 수는 없는 노릇이다. 실제로 우리나라에서 2주택 이상을 보유한 다주택자는 323만 명이 넘는 것으로 나타났다(2024년 통계청 발표자료). 집이 있는 사람 중 26%가 넘는 수치다. 이런 이유로 그동안 우리나라는 수도권을 중심으로 주택 가격이 빠르게 상승해왔다. 실수요자 외에도 많은 가구가 이런저런 이유로 주택 구입에 뛰어들면서 과거 문재인 정부는 2017년 8.2 대책과 2018년 9.13 부동산 대책 등 다주택자에게 불이익을 주는 부동산 대책을 쏟아냈다.

이런 대책은 다주택자에 대한 양도소득세 강화와 보유세 인상이 주된 내용이다. 이런 대책 때문일까? 언제부턴가 주택시장에서 새로운 유행어가 생겨났으니 '똘똘한 한 채'가 바로 그것이다. 이 말은 주택시장에서 정석으로 통하는 키워드가 된 지 오래다.

최근에는 전세보증금을 돌려받지 못하는 일이 사회문제로 불거지면서 주거 형태도 연립이나 빌라보다는 아파트로의 쏠림 현상이 발생했고, 어느새 '똘똘한 아파트 한 채'라는 말이 대세가 됐다. 말 그대로 해석하면 다주택자에게 가해지는 불이익을 피할 수 있는 1주택 중에서 미래에도 그 가치가 보장되는 '블루칩'과도 같은 주택을 일컫는 것이다.

하지만 시장에서 진리처럼 여겨지는 '똘똘한 한 채'는 사실 재테크의 역사에서 아주 오래된 공식이다. 1주택의 경우는 주택가가 10억 원이라고 해도 내가 그곳에 거주하고 있다면 오롯이 10억 원을 모두 투자한 것이 아니다. 왜냐하면 다른 곳 어디에 살아도 전세금 등 거주비용이 들어갈 터이므로 집주인 입장에서는 실제로는 갭gap 금액(예: 매매가-전세가)만 투자한 것이기 때문이다. 따라서 1주택은 투자원금이 적은 셈이어서 상대적으로 수익률이 높다. 하지만 2주택, 3주택의 경우는 세금 문제를 떠나서 똑같이 주택 가격이 올라도 자산수익률이 떨어질 수밖에 없다.

똘똘한 아파트 한 채, 보통 아파트 두 채를 압도한다

서울에서 35년간 초등학교 교사로 근무하다 얼마 전 교감으로 희망퇴직 후 노후를 보내고 있는 이명자 씨(63세, 주부). 그녀는 현재 경기도 광주시의 165m²(50평) 아파트에 거주하고 있다. 이 아파트 외에도 경기도 용인시 수지구에 112m²(34평) 아파트를 한 채 더 보유하고 있다. 명자 씨가 2주택자가 된 것은 2012년에 막내아들이 대학에 진학하자마자 거주 중이었던 서울 강남구 105m²(32평) 아파트 한 채를 팔고 외곽에 2채를 마련했기 때문이다. 그러니까 똘똘한 아파트 한 채보다 2주택을 선택한 경우인 셈이다(하필 그 당시는 강남 지역 아파트도 시세 면에서 고전을 면치 못하던 시기라서 지금 생각해보면 너무나도 아까운 가격에 처분했다).

그녀의 취지는 막내가 미국 유학을 떠난 시점에 유학자금도 마련할 겸 굳이 서울의 좁은 아파트에 살기보다는 외곽 지역에 넓은 아파트 2채를 보유함으로써 하나는 거주, 또 하나는 월세를 받아 일석이조의 효과를 보자는 것이었다. 그녀는 집을 팔고 이 계획을 즉시 행동으로 옮겼다. 그렇다면 그 당시 결정에 대해서 10년이 조금 더 지난 지금, 어떤 평가를 하고 있을까? 직접 물어봤다. 그녀는 곤란한 질문이라며 손사래를 쳤다.

"똘똘한 한 채란 말은 그때도 있었지만 정말 이럴 줄은 몰랐네요… 참 바보처럼… 하하."

명자 씨의 말에서 지금 보유한 아파트 2채보다 팔아버린 한 채에 대한 아쉬움이 짙게 느껴졌다. 안정적으로 공무원 연금을 받고 있으니 그나마 웃으며 이야기할 수 있지만 웃음에 진한 씁쓸함이 배어 나오고 있었다. 그녀에게 물어 해당 아파트들의 현재 시세를 알아보았다.

— 이명자 씨의 과거와 현재 보유 아파트 가격 비교

구분		2012년	현재 (2025년 4월)	비고
매도	서울 강남 G 아파트	12억 5,000만 원	29억 원	▲16억 5,000만 원
매입	경기 광주 H 아파트	3억 4,000만 원	4억 2,000만 원	▲8,000만 원
	경기 용인 J 아파트	2억 9,000만 원	5억 8,000만 원	▲2억 9,000만 원

과거에 보유했던 집은 매도 후 재건축이 추진되면서 지난 13년간 무려 16억 5,000만 원이 상승했다. 반면 새로 구입한 아파트 2채는 같은 기간에 고작 총 3억 7,000만 원이 올랐다. 결과론적인 이야기지만 경제적으로 13억 원 가까이 손실이 난 셈이다. 그러니까 명자 씨에게 '똘똘한 아파트 한 채'를 지키지 못한 대가는 실로 엄청나게 컸다.

어떤 주택이 똘똘한 한 채인가?

이 사례를 통해 2000년대 들어서 어떤 주택이 '똘똘한 한 채'로 진화했는지 그 특징을 알 수 있다. 우선 외곽 지역보다는 도심 지역 아파트의 가격 상승률이 훨씬 높았다. 또 대형보다는 중형 평형이 상승률이 높았다. 아무래도 대형보다 중형 아파트에 수요가 몰렸기 때문이다.

> **'똘똘한 한 채'의 첫째 방향**
>
> ① 외곽 지역 주택보다 도심 지역 주택
> ② 대형 평형 주택보다 중소 평형 주택

명자 씨의 사례와 비슷한 일은 사실 옛날 필자의 집에서도 있었다. 40년 가까이 된 오래전 일이지만 또렷하게 기억하고 있다.

1987년, 필자의 부모님은 서울의 작은 연립주택을 팔고 대출을 받아서라도 목동에 새로 짓는 아파트를 사야 하는지를 놓고 심각한 고민에 빠지셨다. 지금 목동은 서울의 대표 주거지 중 하나지만 1987년에는 서울의 변두리였다. 그 당시 고등학생이었던 필자가 이렇다 할 조언을 할 수는 없었고 어머니는 한 달이 넘게 고민한 끝에 목동 아파트 분양을 포기하셨다. 그 시절 목동 아파트 89m^2(27평)의 신규 분양가는 3,500만 원이었고, 부모님이 보유한 연립주택은 2,000만 원 정도였다. 형편이 넉넉지 않았던 부모님에게 새로운 대출 1,500만 원과 이자는 큰 부담이었던 것이다.

하지만 주택을 상위 레벨로 갈아타지 못한 결과는 두고두고 아쉬움으로 남았다. 결과적으로 그 평형의 목동 아파트 현재 가격은 20억 원이 훌쩍 넘으니 두 주택의 현재가치는 비교 자체가 안 된다. 부모님은 분명 목동 아파트가 미래에 연립주택보다 더 똘똘한 채가 될 것이라는 사실을 알고 계셨다. 하지만 집을 자산보다는 그저 주거 개념으로 생각하신 탓에 재산을 불릴 기회를 놓치신 것이다.

이 사례를 통해서 단독주택보다는 공동주택, 그중에서도 연립주택과 같은 소규모 단지보다 대단지 아파트의 가격이 훨씬 더 높게 상승해왔음을 알 수 있다. 따라서 똘똘한 한 채란 말은 '똘똘한 아파트 한 채'란 결론에 도달하게 된다.

> **'똘똘한 한 채'의 둘째 방향**
> ① 단독주택보다 공동주택
> ② 연립주택보다 아파트

그렇다면 이런 현상은 왜 일어난 것일까? 앞으로도 이런 현상은 계속될 것인가? 이 책은 이와 같은 물음에 명쾌한 답을 제시하고자 집필된 것임을 말해둔다.

필자는 2011년에 열린 한 공개 강연에서 10년 안에 서울의 일부 아파트는 평당 5,000만 원을 넘을 수도 있다고 말했다가 곤혹스러운 일을 겪었다. 강연이 끝난 뒤 몇몇 사람이 근거 없는 주장이라며 찾아와 항의했기 때문이다. 지금 생각하면 참 어이없는 일이 아닐 수 없다.

필자는 관심을 끌기 위해 흔히 말하는 폭탄 발언을 하거나 그저 촉이나 감으로 말한 것이 절대 아니다. 이 책의 제2장에서 자세히 설명하겠지만 대한민국의 특수한 경제환경과 경제학적 논거에 따라 말했던 것이다.

세월이 많이 흐른 지금 그 발언은 예상보다 훨씬 더 빨리 현실이 됐다. 일반인에게 내 집 마련이란 평생을 힘들게 모은 목돈이 들어가는 일이다. 아직도 그것이 그저 비바람을 막아주고 먹고 자고 생활하는 단순 주거지를 구하는 일에 불과하다고 생각한다면 대단한 착각이다. 지난 30년의 시간은 절대 그렇지 않음을 말해주고 있다.

물론 앞으로는 그간 지속된 높은 주택 가격 상승률은 다시 볼 수 없을 것이다. 그럼에도 앞으로도 자신의 소득에 걸맞은 1주택을 제대로 마련한 사람과 그렇지 않은 사람 간의 차이는 극명하게 나타날 것이다. 단언컨대 앞으로도 대한민국에서 내 집을 마련한다는 것은 일반인이 할 수 있는 가장 큰 규모의 재테크이자 평생을 힘들게 번 돈을 가장 안전하게 지키는 일이 될 것이다.

1-2
자수성가형 부자들은
주식보다 아파트를 택한다

최근 재테크 좀 한다는 사람들이 손에 꼽는 수단은 단연 미국 주식일 것이다. 2022년 이래로 미국 주식은 거의 쉬지 않고 올랐기 때문이다. 하지만 이런 엄청난 상승의 근본적인 원인은 아이러니하게도 바로 위기에 있었다.

2008년 리먼브러더스 사태로 발생한 미국의 금융위기는 역사상 유례없는 초저금리를 불러왔다. 미국이 위기 극복의 카드로 꺼낸 것이 바로 시장에 엄청난 유동성을 공급하는 것이었기 때문이다. 연방준비은행FED이 시장에 채권을 무한대로 매입하며 돈을 푸는 방식의 양적 완화를 시행하면서 금리는 0.2%까지 낮아졌는데 2013년 11월까지 시장에 풀린 유동 자금은 약 4조 5,000억 달러로 추정된다.

그런데 이런 막대한 돈이 모두 회수되기도 전인 2020년 전 세

계는 코로나19 팬데믹이라는 엄청난 사건에 직면하게 됐다. 이때도 미국은 3조 5,000억 달러라는 천문학적인 재정을 풀어 위기를 극복하려고 했다. 2000년대 들어와 이 2가지 사건에 풀린 돈은 모두 8조 달러, 원화로는 1경 1,600조 원이다.

이런 상황 속에 4차 산업의 핵심인 AI 열풍이 불면서 그야말로 미국 주식, 특히 기술주 위주의 나스닥시장은 엄청난 상승세를 이어갔다. AI가 만들어갈 미래에 대한 기대감에 갈 곳을 잃은 막대한 돈의 축제가 시작된 것이다. 아울러 세계 1등 경제국인 미국 외에 마땅한 투자처가 없다는 시장의 인식이 전 세계 돈이 미국으로 몰리게 했다.

미국 나스닥지수는 2000년 1월에 3,940에서 2025년 4월에는 17,445까지 올랐다. 2000년대 들어와 25년 동안 오른 수익률은 340%에 달한다.

같은 시기에 S&P500지수는 2000년 1월에 1,394에서 2025년

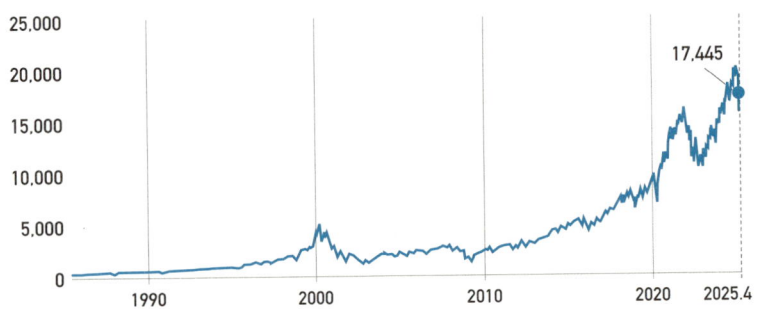

― 나스닥 종합주가지수 추이

4월에는 5,569로 올랐다. 25년간의 수익률은 299%나 된다. 25년 전에 1억 원을 넣어두었다면 지금 원금 1억 원을 제외하고도 수익으로만 3억 원 가까이 얻을 수 있다는 뜻이다.

이런 과거의 차트를 보면 누구라도 왜 미국 주식이 재테크를 하는 사람들로 하여금 종교 수준의 신념을 갖게 하는지 이해할 수 있다. 하지만 곰곰이 생각해보면 의문이 들기도 한다. 수익률 300%라는 엄청난 결과물을 실제 수익으로 만든 사람이 얼마나 될까? 300%라는 놀라운 수익률을 개인이 오롯이 자기 것으로 만들려면 25년 전에 미국 나스닥이나 S&P500지수에 상당히 많은 돈을 넣어두고 25년간 단 한 번도 찾지 않았어야 한다. 과연 그런 사람이 있을까?

실제로 아주 오랜 기간 주식시장에 머문 사람이라고 해도 목돈을 수십 년간 묻어두지는 못한다. 투자자는 대부분 적립식으로 투자했을 것이다. 자수성가형 부자는 원래도 주식이나 부동산 같은

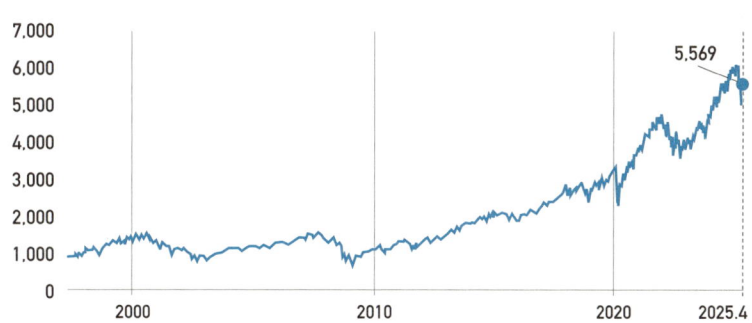

— S&P500지수 추이

재테크보다는 자신의 일로써 성공한 사람이 대부분이지만, 굳이 재테크 분야를 들여다봐도 주식보다는 단연 주택, 아니 아파트를 통해 부자가 된 경우가 대부분이다. 그 이유는 크게 5가지로 볼 수 있다.

주식보다 아파트인 이유 ①: 투자 규모의 차이

미국 주식을 중심으로 한 해외 주식 열풍은 코로나19 팬데믹이 일어난 2020년부터 시작됐다. 당시 코로나19 팬데믹을 극복하기 위해 시장에 막대한 유동 자금이 풀렸고 지금 개인 투자자들 3분의 2 정도가 이때 주식투자를 시작했을 것이다. 따라서 본격적인 미국 주식투자의 역사는 불과 5년 남짓밖에 안 된다.

물론 해외 투자가 대중화되기 전에도 미국 주식에 투자한 사람이 없지는 않았을 테니 만일 25년 전에 투자를 시작했다면 큰돈을 벌었을 것이다. 그러나 350%라는 수익률은 위에 언급한 대로 적립식 투자에서는 불가능한 숫자다. 그리고 대주주가 아니고서는 주식시장에 큰돈을 장기간 묶어놓지 못하는 이유가 있다. 경제 활동기에 굵직한 목돈이 들어가는 여러 가지 이벤트가 있기 때문이다. 결혼, 이사, 내 집 마련, 창업 등이 그것이다. 이런 이벤트에 애써 모은 목돈이 한꺼번에 들어가기 때문에 투자 여력은 아주 적어지거나 거의 없는 경우가 대부분이다.

반면에 아파트는 어떨까? 비슷한 시기인 2000년 초 대한민국 부동산시장의 단골 소재 중 하나인 서울 강남 은마아파트의 경우 가격이 2억 5,000만 원 수준이었다. 2025년 3월 기준 $102m^2$(31평)가 27억 3,000만 원이니 수익률로 계산해보자면 992%로 S&P500지수 수익률의 3배가 넘는다.

지금으로부터 25년 전인 그 옛날에 주식시장에 1~2억 원에 달하는 큰돈을 넣어두고 지금까지 버틴 사람이 과연 있을까? 단연코 없을 것이다. 하지만 은마아파트는 25년 전 2억 원 남짓한 돈으로 사서 지금까지 소유하고 있는 사람이 많다. 결국 주식과 아파트의 투자 원금 규모에 차이가 있기 때문에 자수성가형 부자들은 아파트로 자산을 성장시킨 경우가 대부분인 것이다.

② 자산 변동성의 차이

미국 주식 투자에 집중하는 젊은이들에게 2000년대 초반 미국 나스닥지수의 주가 폭락 사태, 닷컴버블 붕괴를 들어본 적이 있는지 물어보면 대부분 잘 알지 못한다고 답변한다. 최근 해외 주식시장에 AI 열풍이 불었던 것과 유사하게 2000년대 초에는 인터넷이 세상을 바꿀 것이라는 기대감에 닷컴(인터넷 기반 사업체) 투자 열풍이 있었다. 나스닥지수는 2000년 2월에 4,696까지 급등했으나 1년 반만인 2002년 9월에 1,174까지 떨어져 75%나 폭락했다.

사실 지수가 75%인 것이지, 종목은 90% 가까이 떨어진 것도 있었다.

미국 주식시장도 과거에 이런 적이 있었다니 놀라운 일이다. 하지만 이런 이야기를 듣는 투자자들은 대부분 "아무리 그래도 그 이후 엄청나게 올랐으니 문제없죠"라고 한다. 과연 그럴까?

실제 주식시장에서 원금 90%를 잃은 사람이라면 아마도 생업에 집중하기 어려웠을 것이라는 생각이 든다. 그리고 이 원금이 다시 100%가 된 것은 지수 4,600대에 재진입한 2014년 9월로, 원금 회복까지 무려 14년이나 걸렸다. 실제 인플레이션을 감안한 실질가치로 보자면 원금 회복에 20년 가까이 걸린 셈이다. 이처럼 주식시장은 앞서 언급한 대로 아주 큰돈을 장기간 넣어두기에는 변동성이 대단히 큰 시장임에 분명하다.

반면에 국내 아파트 가격은 1998년 IMF 외환위기와 2008년 금융위기 등 경제위기 때 20~30% 수준의 급격한 하락을 경험했

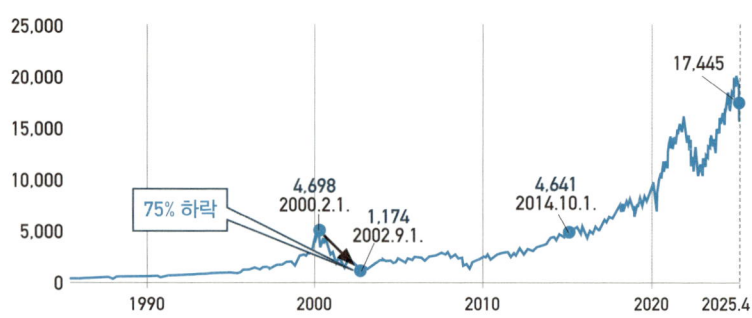

— 나스닥의 하락과 회복

지만 모두 1~2년 만에 회복했다. 자수성가형 부자들은 자신의 일이 성공해서 부자가 됐으므로 무엇보다도 일에 대한 몰입도가 높은 편인데 변동이 잦은 주식투자로 불필요한 시간과 에너지를 낭비하기보다는 변동성이 작은 아파트를 통해 부의 성장을 보조한 경우가 많다.

③ 투자 시간의 차이

주식시장에서 최장기간으로 투자한다면 과연 몇 년이나 가능할까? 앞서 언급했던 것처럼 대주주가 아니고서는 주식시장에 수십 년을 머문다는 것은 불가능에 가깝다. 주식은 근본적으로 계속 매매하는 투자방식을 선호하는 투자자가 대부분이므로 우스갯소리로 주식에서 장기투자는 주식을 사고 교도소에 가거나, 기억상실증에 걸려 어쩔 수 없이 비자발적인 장기투자를 하게 되는 경우를 제외하고는 불가능하다는 말이 있을 정도다.

반면 아파트는 1주택자인 경우 아파트를 보유하는 동시에 그곳에 거주하기 때문에 생각보다 오래 보유하는 사람이 많다. 지난 25년간 S&P500지수의 수익률이 299%라도 이 수익률을 정말 자신의 것으로 만든 사람은 극히 드물지만 은마아파트에 거주한 사람들은 25년간 투자수익률 992%를 자신의 것으로 만든 사람이 꽤 있다. 필자도 2005년 6월에 취득한 주택에 현재 거주하고 있지는 않지만 20년째 보유하고 있다. 투자라고 생각한 적은 없지만 어쨌든 장기투자를 하고 있는 셈이다.

④ 사용가치의 차이

주식은 주식을 산 가격의 100%가 자본투자인 셈이다. 하지만 아파트를 보유한다면 전체 집값에서 전세금만큼 나의 자본이 투여되지 않는다(1주택자의 투자금액은 집값에서 전세금을 뺀 갭 금액이라고 봐야 한다. 내가 그 집을 사지 않더라도 그 수준의 전세금을 어딘가에 거주하며 넣어야 하기 때문이다). 월세를 줄 경우 임대소득이라는 자본소득이 안정적으로 발생한다. 그러니까 안정적인 수익이라는 현금 흐름이 존재하면서도 가격이 오르는 자산이라는 말이다.

게다가 주식은 아파트와 달리 사용가치가 없다. 물론 최근 미국 주식을 중심으로 한 배당주의 경우 배당 자체를 목적으로 주식을 사기도 하지만 미국 주식이 대중화된 것은 불과 5년 남짓이며 배당이 안정적인 수익이 되려면 원금인 주가가 변동하지 않아야 하는데 주식은 주가가 매우 큰 변동성을 지니고 있다. 따라서 주식투자는 대부분 시세차익이 주된 목적이다.

반면에 아파트는 다르다. 지금 대한민국에서 가장 비싼 84m^2 아파트의 매매가는 60억 원, 전세가는 24억 원이다. 언뜻 보면 투자 대상으로서 의미가 있을까 하는 생각이 든다. 하지만 집주인은 집을 소유하지 않더라도 분명 어딘가에는 전세 24억 정도의 거주 비용을 지불하려는 사람일 것이다. 따라서 이 사람이 거주한다면 실제 투자금액은 60억 원이 아니라 36억 원이다(전세 24억 원 사용가치 + 갭 36억 원 투자가치 = 집값). 그렇다면 이 36억 원의 투자가 완전히 망한 투자가 되지 않으려면 전세 24억 원에 살면서 36억 원을 은행에 넣어 3%를 받을 수 있는 이자와 동일한 수준으로 집 가격이 올라야 한다.

이 집을 소유했을 경우 최소 요구수익률(투자자가 투자 대상에 기대하는 최소한의 연간수익률로 투자 대상에서 나오는 현금 흐름이 안정적일수록 낮아진다)인 은행금리 세후 3%를 계산하면 1년에 36억 원의 3%인 1억 800만 원은 올라야 하는데 이 금액은 집값인 60억 원의 불과 1.8% 수준이다. 집주인은 이 집이 1년에 1.8%만 올라도 크게 잘못된 투자를 하고 있지는 않은 셈이 된다.

이처럼 부동산은 주거와 투자라는 하이브리드형 자산이어서 미래에 요구되는 최소 요구수익률이 주식에 비해서 낮다. 또 주택은 주식과 달리 55세 이후 공시 가격 12억 원(시세 15억 원) 이하인 경우라면 평생 거주하면서 주택연금도 받을 수 있다. 부동산이지만 현금 유동화가 가능한 것이다.

이제 과거처럼 부동산이 엄청난 상승률을 기록하기는 어렵다. 하지만 활동기에 벌어들이는 대부분의 자본이 주거비용(전세)에 들어간다는 점을 고려한다면 과거 자수성가형 부자의 자산 성장 과정도 그러했듯이 앞으로도 내 집 마련에 최대한 빨리 성공하는 것이 부자로 나아가는 데 중요한 시금석이 될 것은 분명해 보인다.

⑤ 자산 묶임 효과의 차이

2005년 6월에 필자는 강남에 위치한 20년 된 구축 아파트를 구입했다. 당시에는 존재하지 않던 밀이었지만 그야말로 '영혼까지 끌어모아' 산 아파트였다. 방송에서 개그맨 황현희 씨는 "선생님이 '영끌계'의 시조새네요"라는 농담을 하기도 했다.

엄청나게 무리해서 산 탓에 집을 보유한 기간 내내 고생을 적지 않게 했다. 나는 내 결정이 틀리지 않았다는 것을 증명하고 싶었지만 그것을 위해 대가를 톡톡히 치러야 했다. 대한민국 최고 입지의 주택은 상대가치가 낮아지지 않을 것이라는 믿음으로 행동했지만 외벌이로 그 집을 지키기 위한 노력은 그야말로 처절했다. 지난 20년 동안 사정이 어려울 때마다 집을 전세로 주고 다른 곳으로 이사를 가는 일을 2번이나 겪어야 했기 때문이다. 물론 결론적으로 그 사이 집값이 많이 올랐고 최근에는 재건축 이슈까지 더해지면서 구입가보다 몇 배의 가격이 됐다.

그런데 얼마 전 내가 이 집을 사지 않았다면 들어가지 않았을 돈이 무엇이 있었는지 생각해보았다. 그간 취득세 그리고 매년 7월과 9월 토지분과 건물분에 대한 재산세를 내야 했다. 당시에는 원리금균등상환이 아닌 이자만 내는 만기일시상환 방식이 가능했는데 영끌을 했으니 초반 은행이자가 생활비보다 많았다. 한동안 종합부동산세도 많이 나와 정말로 고민했던 기억이 있다. 거기에 2번이나 이사를 나갔다가 다시 들어오기를 반복했으니 이사 비용, 중개수수료 등 돈으로는 미처 다 환산할 수 없는 엄청난 비용이 들어간 셈이다.

얼추 계산을 해보니 5억 원이 넘는 돈이 이런 비용으로 나갔다. 만일 내가 집을 사지 않고 그 돈을 S&P500지수에 투자했다면 어땠을까?

내가 집을 산 시기인 2005년 6월에 S&P500지수는 1,191이었고, 2025년 4월에는 5,569이므로 기간수익률은 367%나 된다. 물론 20년 전에 집을 사지 않았다고 해도 5억 원을 한꺼번에 투자하지는 못했겠지만 이 기간에 매년 2,500만 원씩 총 5억 원을 투자했다면 집값 상승에 못지않은 투자 수익을 얻지 않았을까? 그러나 생각은 생각일 뿐이다. 그 누가 변동성이 매우 큰 주식시장

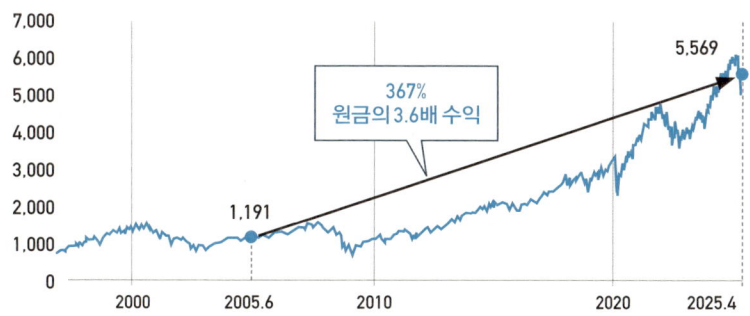

S&P500지수 역사적 기록

에 20년 넘게 꾸준히 투자할 수 있을까?

그렇다면 나는 왜 20년 동안이나 그 십자가와 같은 집을 어깨에 메고 포기하지 않은 채 지금까지 버텨온 것일까? 나 자신에게 물어봤다. 내 속에서 나오는 대답은 간단했다.

"집이니까."

"그냥 내가 사는 집이니까."

아이들이 다니는 학교가 있고 내가 다니는 동네 슈퍼가 있으며 가족과 지내는 생활환경이자 터전이니까, 라는 생각이 제일 먼저 떠올랐다. 이게 만일 집이 아니었다면 이렇게 많은 돈을 이렇게 오랫동안 넣어둘 수 있었을까?

따라서 주택을 통한 오랜 기간의 자본소득은 바로 묶임 효과의 결과다. 묶임 효과는 결국 강제 투자효과와 강제 저축효과를 말한다. 집을 안 샀다고 해서 20년간 5억 원에 달하는 엄청난 금액을 다른 곳에 투자하거나 저축하는 일은 없을 것이기 때문이다.

1-3
똘똘한 한 채
'넘사벽' 수익률의 비밀

    사람들에게 "똘똘한 한 채의 수익률이 제일 높다"고 말해주면 '그야 뭐… 당연히 아파트 가격이 제일 많이 올랐으니까 그렇겠지!'라고 생각해버린다. 하지만 그것은 완전히 틀린 생각이다. 만일 그동안 아파트 가격이 그저 다른 자산과 비슷하게 올라갔다고 해도 그와 상관없이 1주택 수익률은 여전히 높기 때문이다. 이게 대체 무슨 말일까? 어떻게 그런 일이 가능하다는 말인가?

    바로 세금 때문이다. 소득은 절대로 세금을 피할 수 없다. 어떤 방법으로든 돈을 벌었다면 세금을 내야 한다. 그런데 대한민국에서 유일하게 1주택으로 생긴 소득에 대해서는 양도가액 12억 원까지는 세금이 단 한 푼도 없다(1가구 1주택의 경우 2년 보유 거주 요건 및 양도가액 요건 충족 시 양도소득세 비과세). 만일 12억 원이 넘는 소득이 생기더라도 10년이 지나면 소득의 80%를 없는 것으로 인정해준다(1가구 1주택의 경우 보유·거주기간 요건 충족 시 장기보유특별공제로 최대 각각 40%씩 총 80% 공제). 이것이 대한민국에서는 1주택 수익률을 이길 만한 자산이 있을 수 없는 이유다.

세금은 소득과 재산, 소비에 붙는데 그중에서도 소득에 따라오는 세금이 가장 크다. 소득 종류별로 공제하는 크기는 다르지만 실제 과세표준이 정해지면 다음과 같은 과세표준별 세율에 따라 세금을 내야 한다.

만일 대한민국에서 연간 5억 원의 소득이 생긴다면 세금을 얼마나 내야 할까? 위의 종합소득세율 구간별 세율을 적용해 계산하면 5억 원 소득에 붙는 세금은 1억 7,406만 원이 된다. 실제 소득 대비 세율은 34.8%나 된다.

반면에 4억 원에 구입한 1주택이 12억 원이 된 뒤 팔아 양도소득 8억 원이 생긴다면 양도소득세가 0원이다. 똘똘한 아파트 한 채의 위력은 가격 상승에 있는 것이 아니라 바로 세금 혜택에 있는 것이다.

게다가 똘똘한 아파트 한 채가 12억 원이 넘는 고가 주택이라도 10년 이상을 보유한다면 12억 원 초과분에 대해서 양도소득이 발생하더라도 80%를 공제해준다. 예컨대 12억 원이던 아파트가 10년 동안 5억 원 더 올라 17억 원이 됐다면 10년간 오른 5억 원에 대해서 양도소득세를 낼 때 80%는 장기보유특별공제로 빼주고 나머지 20%에 대해서만 소득세를 내면 된다. 구간별 세율을 적용해 계산하면 소득 1억 원에 대한 세금은 1,956만 원이고 실

— 장기보유특별공제율(2021년 1월 1일 이후 양도)

적용 대상/보유 기간	1세대 1주택		토지, 건물, 주택
	보유 기간	거주 기간	
3년 이상	12%	12%	6%
4년 이상	16%	16%	8%
5년 이상	20%	20%	10%
6년 이상	24%	24%	12%
7년 이상	28%	28%	14%
8년 이상	32%	32%	16%
9년 이상	36%	36%	18%
10년 이상	40%	40%	20%

※ 장기보유 특별공제 제외 대상(2023년 하반기 기준)
① 미등기전매에 의한 양도
② 조정대상지역 2주택 이상 다주택인 경우(일시적 2주택은 제외)
③ 조정대상지역 내 주택으로서 1세대가 1주택과 조합원입주권 또는 분양권을 보유한 경우 해당 주택(장기임대주택 등 제외)
④ 양도가 12억 원 이상인 고가의 1세대 1주택으로서 2년 이상 거주요건 미충족 시
⑤ 조합원으로부터 취득한 조합원 입주권
⑥ 국외자산

— 2024년 귀속분 소득에 대한 종합소득세율

소득금액	세율	누진공제액
1,400만 원 이하	6%	없음
1,400만 원~5,000만 원 이하	15%	126만 원
5,000만 원 초과~8,800만 원 이하	24%	576만 원
8,800만 원 초과~1억 5,000만 원 이하	35%	1,544만 원
1억 5,000만 원 초과~3억 원 이하	38%	1,994만 원
3억 원 초과~5억 원 이하	40%	2,594만 원
5억 원 초과~10억 원 이하	42%	3,594만 원
10억 원 초과	45%	6,594만 원

제 소득 대비 세율은 4%다. 하지만 이마저도 취등록세나 이사비용 등 금액을 과세표준에서 비용으로 빼주기 때문에 실제로는 그보다 더 낮아질 것이다.

그뿐만이 아니다. 1주택 수익률이 제일 높을 수밖에 없는 이유는 또 있다. 1주택 수익률을 다시 계산해보자. 전세가 3억 원, 매매가 4억 원인 아파트가 있다. 이 아파트를 4억 원에 샀는데 아파트가 10년이 지나 14억 원이 됐다면 수익률은 보통 다음과 같이 계산할 것이다.

$$\frac{\text{시세차익 10억 원} - \text{양도소득세 5,606만 원}}{\text{아파트 매입가 4억 원}} \times 100 = \text{수익률 236\%}$$

수익률은 무려 236%다. 그러나 이 사람이 1주택자이므로 해당 아파트에서 실거주했다면 실투자금은 4억 원이라고 볼 수 없다. 이 아파트를 소유하지 않았더라도 어차피 주거를 위해서 최초 전세자금인 3억 원 이상은 부담했어야 하기 때문이다. 따라서 실투자금은 4억 원이 아니다. 그동안 주거를 위해서 반드시 필요했던 전세자금 3억 원은 빼고 생각해야 한다. 그렇다면 실제 수익률은 얼마일까?

$$\frac{\text{시세차익 10억 원} - \text{양도소득세 5,606만 원}}{\text{실투자금 1억 원}} \times 100 = \text{수익률 944\%}$$

물론 이 경우는 집을 팔고 현금화한다고 가정했지만, 여기서 우리가 확인할 수 있는 것은 1주택의 특수한 세금 혜택을 보려면 '똘똘한 아파트 한 채'만큼은 절대로 양보할 수 없다는 점이다.

전세와 매매의 차이: 실전 사례

대학 동창 사이인 이정희 씨(당시 31세, H 대학교 교직원)와 정나연 씨(당시 31세, S 백화점 근무)는 2010년 5월과 9월에 각각 결혼했다. 둘은 성장 배경이나 성격, 남편 경제력 등 많은 면에서 비슷했다. 하지만 유독 내 집 마련에서는 차이가 있었다.

정희 씨는 남편과 결혼 전부터 10년 안에 내 집 마련을 꼭 하겠다는 계획을 세웠다. 그래서인지 내 집 마련 기회는 생각보다 빨리 찾아왔다. 결혼 4년 차가 되던 2014년에 강동구 H 아파트 106m^2(32평)를 그 당시 급매가인 5억 1,000만 원에 구입한 것이다. 급매가지만 2억 원을 대출받아야 했는데 부부는 저축하던 금액의 일부를 이자로 내더라도 원래 목표였던 내 집 마련 기간인 10년 내에 대출을 모두 갚겠다는 새로운 목표를 세웠다. 정희 씨 부부의 최초 결혼 자금과 아파트 구입 자금을 보면 다음과 같다.

이정희 씨 부부의 주택 내역

① 2010년 강동구 S 빌라 전세   1억 9,000만 원
(결혼 전 모은 돈 9,000만 원 + 시댁 지원 1억 원 + 대출 없음)

② 2014년 강동구 H 아파트 106m^2(32평) 급매   5억 1,000만 원
취득록세와 기타 비용   1,000만 원
(기존 전세금 1억 9,000만 원 + 부부예금 1억 3,000만 원 + 주택담보 대출 2억 원)

2014년 말 순자산

아파트 매매가	5억 1,000만 원
담보대출	-2억 원
	3억 1,000만 원

    반면 나연 씨 부부는 처음부터 내 집 마련에 대해서 부정적으로 생각했다. 2008년 미국의 금융위기로 철옹성 같던 서울 집값도 흔들리는 것을 목격했기 때문이다. 아울러 2008년부터는 대출 이자율이 6%를 훌쩍 넘었는데 금융회사에 근무하던 나연 씨 남편은 이런 시기에 집을 산다는 것에 회의적이었다. 지금처럼 집을 계속 빌려서 생활하는 것이 훨씬 이득이라고 생각한 것이다.

    "집에 몇 억씩 깔고 사는 것보다 그 돈을 다른 곳에 투자하는

게 낫지!"

실제로 나연 씨 남편은 투자에도 재능이 있었다. 미혼 때부터 주식투자를 했고 투자수익도 나쁘지 않은 편이었다. 나연 씨도 금융회사에 다니는 남편이 남들보다 더 빠른 정보력과 뛰어난 재테크 실력이 있다고 믿었다. 당장은 친구인 정희 씨처럼 대출로 집을 사기보다 여윳돈이 생기면 전세자금 대출을 갚거나 적금을 가입하고, 또 그렇게 모은 목돈 중 일부는 남편이 직접 투자하는 방식이 더 낫다고 여겼다.

하지만 나연 씨에게도 고민이 생기기 시작했다. 전세금이 생각보다 너무 빨리 올랐기 때문이다. 두 번째 전세 갱신 때인 2014년 9월에는 전세금이 5억 원까지 올라 친구인 정희 씨 아파트 가격에 육박했다.

나연 씨는 결혼 후 주식이나 예금으로 모았던 돈 7,000만 원을 고스란히 전세금을 올려주는 데 쓰고도 모자라 추가로 5,000만 원의 전세자금대출을 받았다. 그것으로도 부족해 신용대출을 추가로 3,000만 원 더 받았다.

나연 씨의 아파트 전세금과 2014년 말 자산을 보면 결혼 4년이 지난 시점 순자산은 정희 씨보다 오히려 1,000만 원 더 적다. 결혼할 때 1억 원 가까이 더 많은 돈을 가지고 시작했고 연봉도 더 높다는 점을 감안하면 만족스럽지 못한 결과다. 내 집 마련이라는 목표가 없었기 때문에 정희 씨만큼 저축에 집중하지 못한 탓이다. 또 정희 씨가 아파트를 급매로 샀으니 당장은 가격이 오르지

정나연 씨 부부의 주택 내역

① 2010년 송파구 89m²(27평) S 아파트 전세   3억 5,000만 원
기타 비용   2,000만 원
(결혼 전 모은 돈 1억 원 + 부모님 지원 1억 5,000만 원 + 전세자금대출 1억 원 + 신용대출 2,000만 원)

② 2014년 두 번째 전세계약 갱신   5억 원
(추가 자금 조달: 예금 2,500만 원 + 주식 4,500만 원 + 전세자금대출 5,000만 원 + 신용대출 3,000만 원)

2014년 말 순자산

아파트 전세금	5억 원
전세자금대출	-1억 5,000만 원
신용대출	-5,000만 원
	3억 원

않아도 앉은 자리에서 2,000~3,000만 원을 번 효과도 있었다.

이때로부터 10년이 지난 2025년, 두 부부는 똑같이 중학생 자녀를 하나 둔 40대가 됐다. 정희 씨와 나연 씨는 각각 신혼생활을 시작했던 강동구와 송파구에 위치한 30평대 아파트에 거주하고 있다. 정희 씨 부부는 목표한 것처럼 대출을 모두 갚고 완전한 집

주인이 됐다. 그동안 열심히 대출 상환을 하던 돈은 이제 노후를 위해 저축할 생각이다.

반면 나연 씨 부부는 너무 급격히 오르는 집값 때문에 집을 살 타이밍을 잡지 못해 여전히 무주택이다. 그동안 전세자금도 가파르게 올라 저축하고 투자하며 모은 돈은 손에 만져볼 사이도 없이 전세금으로 모두 들어갔다. 현재 살고 있는 송파구의 아파트는 2017년 80m²(24평)에서 지금의 112m²(34평)로 옮긴 것이다. 그동안 전세 계약을 4번 하면서 2차례 이사했고 그사이 전세 가격이 7억 원까지 올라갔다. 대출이 더 늘어나지는 않았지만 애써 모으고 투자한 돈은 부부가 생각한 것과 다르게 투자 효과를 보기는커녕 오른 전세금에 블랙홀처럼 빨려들어갔다. 지금 두 부부의 순자산 차이는 6억 원이 넘는다.

사실 연봉은 나연 씨 부부가 더 높다. 그런데 왜 10년 만에 이처럼 큰 차이가 생긴 것일까?

2015년부터 가파르게 오른 서울 아파트도 한몫했지만 정희 씨 부부는 1주택을 당연한 과제로 받아들인 반면 나연 씨 부부는 1주택을 투자라고만 생각했기 때문이다. 정희 씨 부부의 순자산은 원리금을 꾸준히 갚아나가면서 아파트와 정희 씨 부부가 함께 시너지 효과를 낸 결과다.

1주택을 마련하는 것은 투자가 아니다. 필수적인 재무 목표다. 만일 1주택 마련이 투자라면 그 투자를 하지 않은 대가로 남는 돈을 다른 곳에 투자할 수 있어야 한다. 하지만 나연 씨의 사례에서

이정희 씨 부부

강동구 아파트	12억 2,000만 원
예금	4,000만 원
순자산	12억 6,000만 원

정나연 씨 부부

송파구 아파트 전세금	7억 원
주식	1억 2,000만 원
전세자금대출	-1억 5,000만 원
신용대출	-5,000만 원
순자산	6억 2,000만 원

보듯이 1주택에 투자하지 않은 돈은 결국 거주를 위한 전세금으로 들어갔다.

2014년까지 두 부부 모두 맞벌이였기 때문에 저축으로 모을 수 있는 금액은 월 250만 원, 연간 3,000만 원 정도로 비슷했다. 한쪽은 이 금액을 집에 투자했고 한쪽은 예금이나 주식으로 모았다. 하지만 예금과 주식이 투자 효과를 발휘하기도 전에 상당 부분이 전세금으로 들어간 것이다. 2014년 이후에는 높아진 연봉에도 불구하고 자녀교육비가 많이 들어가기 시작하면서 양쪽 모두 저축은 연간 2,500만 원 미만(월 200만 원 정도)으로 줄어들었다. 이때 정희 씨 부부는 이 돈을 대출을 상환하는 데 사용했고, 그사이 집은 스스로 가격이 오르면서 자산가치를 높였다.

반면 나연 씨 부부는 이 돈을 여전히 전세금을 올려주는 데 사용했다. 그사이 집값은 뛰고 집값이 오른 만큼 두 사람의 자산 차이는 벌어진 것이다. 당시 집을 산 사람이나 사지 않은 사람이나 대출이자를 내고 있었다. 하지만 한쪽은 돈을 벌어주는 집에 내는 비용(담보대출)이었고 한쪽은 현상 유지를 위한 비용(전세자금대출, 신용대출)이었다.

물론 집값이 떨어진다고 가정하면 위 상황과는 반대로 나연 씨 부부에게 유리한 국면으로 전개될 수 있다. 하지만 현재 우리나라 주택시장을 자세히 들여다보면 주택을 보유하는 것보다 보유하지 않는 것의 리스크가 훨씬 더 크다. 부동산 냉각기가 와서 주택 구입을 포기하는 사람이 늘어난다고 해도 조금의 변화가 생긴다면 다시금 사겠다는 방향으로 바뀐다.

집값이 주춤하는 시기에는 집에 대한 수요가 없는 것이 아니라 현재 가격대에서의 수요가 없는 것이다. 따라서 자산 관리에 대한 별다른 준비도 없는 상태에서 집을 무조건 사지 않겠다고 고집하는 것보다 내 집 마련을 목표로 목돈을 모으기 위해 노력해야만 한다.

1-4
주택 가격, 양극화에서 초양극화로 향하다

　최근에는 OTT의 발달로 영화관을 찾는 사람이 많지 않지만 코로나19 팬데믹 발생 이전만 해도 가장 대중적인 문화생활은 단연 영화관에서 영화를 보는 것이었다. 그중에서도 복합상영관인 멀티플렉스는 한곳에서 다양한 영화를 관람한다는 취지로 시작됐다. 하지만 실제로 가보면 '멀티'라는 말이 무색할 정도로 인기 있는 영화가 스크린을 독식하는 경우가 많다. 인기 있는 영화에만 관객이 몰리니 상영관의 입장에서도 어쩔 수 없는 면이 있다. 우리 시대는 다양성을 추구하는 듯 보이지만 사실은 매우 획일화된 경향이 나타난다.

　'양극화'라는 단어는 아마도 2000년대 들어와 가장 많이 쓰이는 단어 중 하나일 것이다. 양극화란 서로 다른 계층이나 집단의 차이가 점점 더 확대되는 것을 뜻하는데, 이제는 일부 특정 성향에 따라 이질성이 극대화되는 현상을 말하기도 한다. 요즘 요식업을 하는 자영업자들은 한 달 임대료도 내지 못할 정도로 어렵다고들 하지만, 그런 와중에도 소문난 맛집에는 줄을 길게 늘어서서 한참을 기다리면서까지 음식을 먹겠다는 사람들이 몰려든다. 그러니까 양극화, 이 괴물 같은 놈은 '되는 놈만 된다'는 말을 그대로 보여주는 듯하다.

대한민국 부동산도 2015년을 기점으로 양극화가 시작됐다. 수도권과 서울 일부 지역은 부동산 가격이 천정부지로 오르는 경우가 있었던 반면 지방은 수도권의 3분의 1, 아니 4분의 1에도 못 미치는 가격이 된 것이다.

우선 서울과 지방 6대 광역시의 집값을 비교해보자. 광역시에는 인천, 대전, 대구, 광주, 부산, 울산이 있으며 인구 100만 명이 넘는 꽤 큰 도시다. 6대 광역시의 아파트 중위 매매 가격(해당 지역

― 서울-6대 광역시 아파트 중위매매가격 추이

구분(년)	2013	2014	2015	2016	2017	2018	2019	2020	2021	2022	2023	2024
서울	4억 6,942 만 원	4억 7,400 만 원	5억 669 만 원	5억 5,248 만 원	6억 2,116 만 원	7억 5,385 만 원	8억 3,754 만 원	9억 2,582 만 원	10억 1,417 만 원	10억 9,166 만 원	9억 5,000 만 원	9억 5,250 만 원
6대 광역시	1억 8,033 만 원	1억 8,861 만 원	2억 289 만 원	2억 2,904 만 원	2억 3,959 만 원	2억 4,002 만 원	2억 4,072 만 원	2억 5,443 만 원	3억 1,428 만 원	3억 6,160 만 원	3억 1,667 만 원	3억 1,333 만 원
차액	2억 8,909 만 원	2억 8,539 만 원	3억 380 만 원	3억 2,344 만 원	3억 8,157 만 원	5억 1,383 만 원	5억 9,682 만 원	6억 7,139 만 원	6억 9,989 만 원	7억 3,006 만 원	6억 3,333 만 원	6억 3,917 만 원

자료: KB 국민은행 (각 연도 6월 가격)

의 주택 가격을 순서대로 나열했을 때 중앙에 있는 가격으로, 평균 가격과는 다른 개념이다)을 보면 2015년 전까지는 서울과 아파트 가격 차이가 3억 원 미만이었으나 2018년에는 그 차이가 5억 원을 넘어섰고 2024년에는 6억 3,917만 원까지 벌어졌다. 2015년 이전에는 가격 격차가 어느 정도 일정하게 유지됐으나 2015년을 기점으로 그 간격이 깨지고 본격적인 양극화가 시작된 것이다.

서울과 지방의 양극화만 시작된 것이 아니다. 이 시기에 서울 안에서도 양극화가 시작됐다. 서울의 25개 구 아파트 평당 가격의 추이를 보면 평당 가격이 가장 높은 강남구와 가장 낮은 도봉구, 금천구의 가격 차이는 2000년 들어서 항상 일정한 간격을 유지하고 있었지만 2015년부터는 그 차이가 급격하게 확대되며 양극화가 발생하고 있다. 그렇다면 지난 10년간 서울 지역 안에서의 아파트 평당 가격의 변화는 어떨까?

부동산 정보 사이트 다방이 국토교통부 실거래가 공개시스템을 분석해 발표한 자료에 따르면 서울 25개 자치구 중 2024년 기준 가장 높은 평균 평당가를 기록한 서초구와 강남구를 제외하고 평당 5,000만 원이 넘는 지역은 용산구(7,477만 원), 송파구(6,762만 원), 성동구(6,083만 원), 마포구(5,635만 원), 광진구(5,160만 원)였다. 2014년부터 2024년까지 10년간 서울의 구별 아파트 평당가는 서초구가 209%, 강남구가 169% 상승했다. 10년 전과 비교했을 때 가장 큰 상승률을 보인 지역은 서초구였는데 강남 3구 중 재건축사업의 진행이 가장 신속하게 이루어져 신축 아파트가 빠르게 늘어난 결과다.

강남 3구의 2024년 평균 평당가는 8,251만 원으로, 강남 3구 외 지역 평균(4,283만 원)보다 1.9배 높았다. 상승률 또한 강남 3구가 170%, 강남 외 지역이 157%로 13%p의 격차를 보였다("서울 아파트값 상위권 나열했더니…'이 곳'에 쏠렸다", 〈경향신문〉, 2025. 2. 4.).

— 2024년 서울 아파트 자치구별 평당 가격 순위(단위: 만 원)

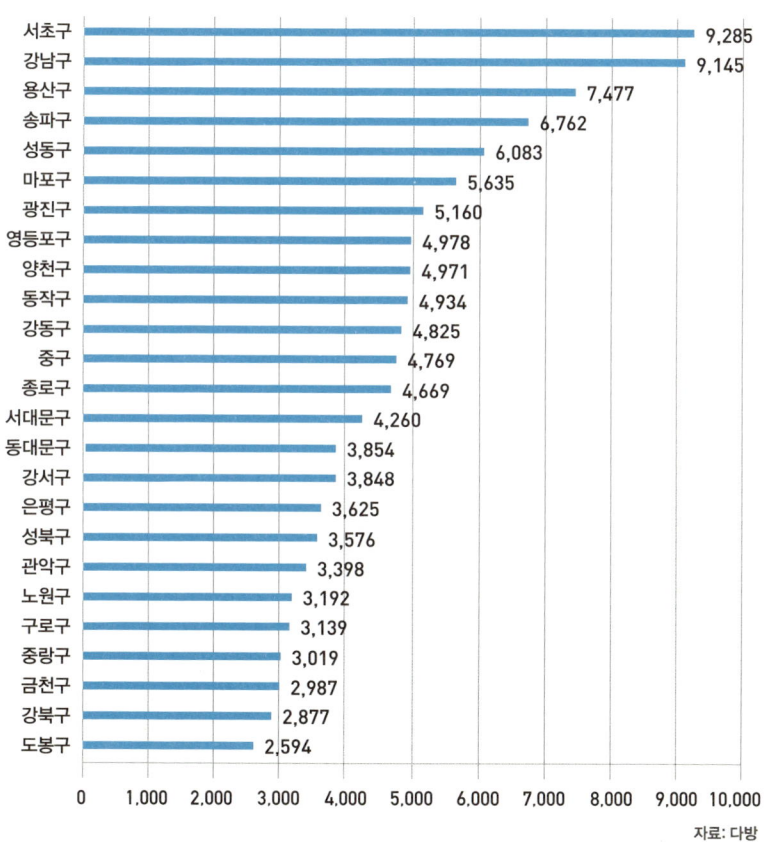

이로써 필자가 14년 전 재테크 강연에서 언급했다 항의를 받았던 예측, 초양극화가 올 것이며 그 결과 강남은 10년 내에 평당가가 5,000만 원을 돌파할 것이라는 예측은 보기 좋게 빗나갔다. 이미 평당 5,000만 원을 넘어 평당 1억 원 시대를 눈앞에 두고 있기 때문이다.

그렇다면 이런 양극화는 왜 2015년부터 시작된 것일까? 양극화가 시작된 원인을 제대로 파악한다면 앞으로의 미래 주택 가격을 예측하는 데 도움이 될 것이다.

양극화가 시작된 이유 ①: 부동산 수요억제 정책이 불러온 시장의 반작용

2014년에 박근혜 정부는 주택시장 활력 회복을 위해 주택담보대출의 걸림돌로 지적되던 주택담보인정비율LTV: loan-to-value ratio은 70%까지, 총부채상환비율DTI: debt-to-income ratio은 60%까지 상향 조정한다(LTV는 집값 대비 얼마까지 대출받을 수 있는지, DTI는 소득에 비해 빚을 갚을 능력이 얼마나 되는지 알아보는 지표다). 그만큼 부동산 경기가 어려웠다는 반증이기도 하다. 특히 부동산 3법이라고 불리는 ① 분양권 상한제 완화 ② 초과이익제 폐지 ③ 재개발 다주택자 분양 허용과 같은 부동산시장 활성화 대책으로 재개발·재건축 수혜의 기대감을 높였다.

그러나 부동산 시장을 살려야 한다는 정부의 강한 의지로 시행된 이 같은 규제 완화는 아이러니하게도 시장에서 부정적으로 해석됐다. 그 결과 2015년 한 해 주택 매매 거래가 119만 3,691건까지 늘어나기는 했지만 부동산 가격상승률은 크지 않았다.

2017년에 문재인 정부가 들어서면서 부동산 정책은 이전과 달리 수요억제 정책으로 전환됐다. 이때부터 시장에서는 오히려 반작용과 같이 가격의 상승세가 매서워지기 시작했다. 수요억제 정책이란 가격을 자극할 만한 주택 수요를 원천적으로 줄이겠다는 것으로 이는 LTV 하향과 DTI 규제 강화와 같은 대출억제 정책, 1주택자에게까지 해당되는 고가 주택에 대한 세제 강화, 다주택자에 대한 과세 강화, 양도소득세 중과세 등으로 나타났다.

이것은 오히려 시장에서 주택 가격의 상승 압력이 높다는 잘못된 신호를 주었다. 지금이 아니면 집을 사기 어렵다는 인식이 확산되어 전세 시장에 줄을 서던 사람까지 모두가 매매 시장으로 뛰어가는 역효과를 가져왔다. 주택 수요를 근본적으로 해결할 공급 정책이 부족한 상태에서 나타난 전방위적인 수요억제 정책이 오히려 사상 최고의 주택 가격 상승으로 이어진 것이다. 이 시기에 양극화는 전면적으로 확대된다.

② 점진적인 초저금리로의 진입

주택시장에 큰 영향을 끼치는 변수는 바로 금리다. 금리 인하는 주택 수요를 높이는 결정적인 요인이 된다. 주택을 새로이 구입하려는 사람들에게 금리는 집을 사기 위해 필요한 미래 비용이기 때문이다. 미래 비용이 낮아지면 주택을 사려는 사람은 늘어난다.

한국은행은 2014년 하반기에 한 차례 금리를 인하해 기준금리를 2.25%로 낮추었다. 그런데 이듬해인 2015년에는 무려 3회에 걸쳐 금리 인하를 단행하여 기준금리를 1.5%까지 끌어내림으로써 사상 최초로 1% 금리 시대를 열었다. 이것은 시장에 본격적인 초저금리시대의 서막을 알리는 신호로 받아들여졌다. 게다가 2015년에는 금리가 금융위기 때를 제외하고는 전례 없는 횟수와 폭으로 인하됐다. 이처럼 급격하게 낮아진 금리는 주택거래량을 크게 늘리는 결과를 가져왔다.

한국은 2022년에 인플레이션 문제를 해결하기 위해 다시금 금리를 올려 상대적으로 고금리로 복귀하는 듯 보였지만 현재는 미국과의 금리 차이가 역전되어 오히려 미국보다 1.75%p가 낮은 2.75%를 유지하고 있다.

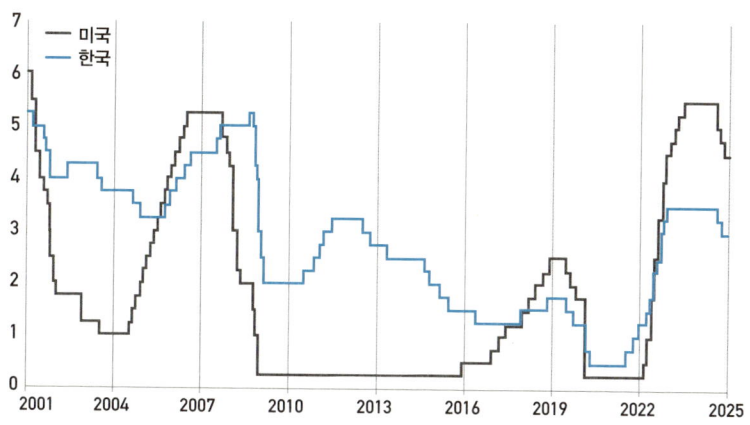

한미 기준금리 추이(단위: %)

③ 초저성장으로 인한 안전자산 쏠림 현상

주택시장 양극화의 또 다른 원인은 대중의 심리와 무관하지 않다. 경제위기 때마다 나타나는 사람들의 안전자산 선호 현상이 바로 그것이다. 경제위기는 1997년 IMF 금융위기나 2008년 미국 금융위기처럼 시장에 갑자기 큰 충격을 주는 것도 있지만 지금처럼 장기적인 경기 부진으로 지속적인 어려움을 주는 경우도 있다. 질병으로 비유하자면 금융위기는 급성질환이고 지금의 초저성장 경제는 만성질환과 비슷하다. 초저성장이 지속될 것이라는 시장심리는 사람들로 하여금 비싼 대가를 치르더라도 안전자산을 선택하게 한다. 아파트는 대한민국에서 대표적 안전자산이다.

— 대한민국 경제성장률(GDP) 추이(단위: %)

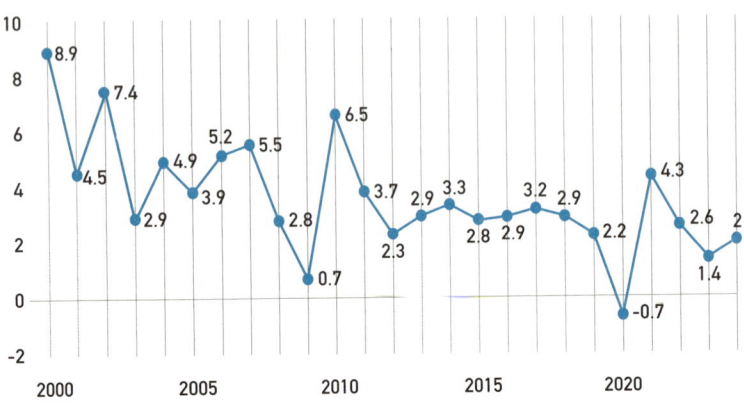

2000년대 이후 우리나라 경제성장률은 미국 금융위기와 유럽 재정위기와 같은 몇 번의 경제위기를 넘어 2014년에 다시 3.3%로 3%대 성장률을 보였지만 2015년부터는 3%를 넘지 못하고 2%대로 주저앉았다. 미국과 유럽의 위기가 지난 이후였던 2013년에도 3% 미만이었던 적이 있기는 했지만 2015년의 경제성장률은 예전과는 다른 의미로 받아들여졌다. 2015년 당시 미국은 금리 인상을 예고하던 상황이었는데 유독 한국만 이 시기에 급격히 금리를 내리기 시작했기 때문이다.

이 같은 현상은 한국의 경제성장률이 예전과는 달리 가까운 시일 내에 개선되기 어렵다는 신호로 인식됐다. 그 결과 돈은 위험자산을 떠나 안전자산으로 이동하기 시작하는데 마침 주택시장의 거래 활성화와 맞물려 좀 더 안전자산으로 여겨지는 '똘똘한 한 채'로 돈이 몰린 것이다.

안전자산이란 변동성이 적어 장기적으로 선호되는 자산을 의미한다. 부동산을 살펴보면 지방보다는 서울에 있는 부동산이 안전자산으로 여겨지고, 공실 리스크가 높아 변동성이 있는 상가나 오피스텔보다는 공실 리스크가 적은 아파트가 더 안전자산으로 평가된다. 또 서울이라도 부자들이 더 많이 모여 사는 매매가 상위 지역의 아파트가 더 안전한 자산으로 인식되는 것은 당연하다.

낮은 경제성장률로 인한 안전자산 선호 현상

① 서울 > 지방
② 아파트 > 상가, 오피스텔
③ 매매가 상위 지역 아파트 > 서민 아파트

1-5

어디에나 생겨나는
지역별 '강남'의 4가지 조건

똘똘한 아파트라고 하면 가장 먼저 떠오르는 지역이 바로 강남이다. 1963년 전까지 지금의 서울 강남 지역은 경기도 광주군에 속해 있었다. 그 이후로 서울이 한강江 남쪽南 지역까지 확대되며 지금의 강남이 됐다. 하지만 사람마다 강남의 범위를 다르게 생각한다. 행정구역상의 서울시 강남구만을 '강남'으로 보기도 하고 서초구까지 넓혀서 강남이라고 하는 사람도 있다. 또 송파구까지 포함해 강남 3구라는 표현을 쓰기도 하고 8학군의 범위인 강동구까지 통틀어 강남 4구라고 말하는 사람도 있다(주로 송파구나 강동구에 거주하는 분들의 의견이다). 이런 정의는 강남이라는 이름의 브랜드 파워가 그만큼 대단하다는 반증이기도 하다.

1970년대 후반부터 시작된 강남 개발은 잘 조성된 도로망 위에 대규모 아파트 단지가 들어서면서부터 본격화됐다. 거기에 명문 고등학교들이 8학군인 강남구, 서초구, 송파구, 강동구로 대거 이전하면서 자녀교육에 열의가 높은 중산층이 이곳으로 몰려들었다. 1974년에 고교 평준화가 이루어졌지만 그 후에도 명문고라는 이미지와 좋은 면학 분위기 때문에 강남은 지금까지도 교육환경이 좋다고 여겨진다. 이 때문에 대표적인 '으뜸 주거지'가 됐다. 1990년대 이후 국민소득이 늘고 중산층 이상의 계층이 늘어나면서 이런 으뜸 주거지, 즉 강남에 대한 수요는 기하급수적으로 늘어났다.

이제는 서울과 경기도, 인천광역시의 인구를 모두 합친 수도권의 인구가 2,581만 명(서울특별시 960만 명, 경기도 1,416만 명, 인천광역시 302만 명)으로 대한민국 전체 인구인 5,170만 명에서 50%가 넘는 상황이다. 그 많은 사람이 저마다 으뜸 주거지를 찾으려고 하지만 그에 비해 강남 지역은 매우 좁다. 따라서 지역마다 강남을 대체할 만한 차별화된 주거환경을 갖춘 으뜸 주거지가 나타났고 지금도 계속 등장하고 있다.

여기서 말하는 으뜸 주거지가 중요한 이유는 다른 지역에 비해서 주택 가격이 확실하게 차별화될 것이라는 기대가 있기 때문이다. 기댓값이 높아지면 유효수요가 증가해서 가격 상승을 기대할 수도 있다.

그렇다면 이 책에서 다루는 똘똘한 한 채, 똘똘한 아파트란 지역별로 증가할 으뜸 주거지와도 밀접한 관련이 있다고 할 수 있다. 따라서 앞으로 다룰 '강남'은 지금의 강남구, 서초구만이 아니라 지역별로 존재하는 으뜸 주거지와 앞으로 새롭게 출현할 차별화된 주거지 모두를 가리키는 용어라고 할 수 있다. 이런 개념은 현실적으로 사용된다. 현재 전국의 지역별 대표적 으뜸 주거지로 꼽히는 강남을 정리하면 다음과 같다(물론 여기에 거론되지 않은 또 다른 강남이 있을 수도 있다).

지역별 강남

- 서울 강남: 강남구, 서초구, 송파구
- 서울 강북권 강남: 용산구
- 서울 서부권 강남: 양천구 목동, 영등포구 여의도
- 서울 남부권 강남: 경기도 과천, 성남시 분당, 판교, 위례
- 인천광역시 강남: 송도
- 경기도 안양시 강남: 평촌, (군포시) 산본
- 경기도 수원시 강남: 광교
- 충청권 강남: 세종
- 대구광역시 강남: 수성구 범어동
- 부산광역시 강남: 수영구, 해운대구

앞서 언급한 강남 개발의 간략한 역사에서 보듯 앞으로 이런 지역별 강남, 즉 똘똘한 아파트가 위치한 지역이 되기 위한 조건은 크게 4가지로 요약된다.

> **지역별 강남(똘똘한 아파트)의 조건**
>
> ① 거주민의 동질성: 대규모 아파트 단지
> ② 초중고 교육환경: 명문 학교나 좋은 면학 분위기
> ③ 교통과 자연환경: 교통 편의성과 자연 친화적 환경
> ④ 입주민의 경제력: 높은 고소득자 비율

① 거주민의 경제적인 수준이 비슷하다

강남 거주민의 동질성은 공동체로서의 강한 커뮤니티 의식을 만들어 어쩌면 다소 배타적인 성격을 띠게 한다고도 할 수 있다.

으뜸 주거지로 인정되면 실제로 주변과의 집값 차이가 꽤 크게 벌어진다. 또 이 지역에 거주하는 사람들은 주거지에 대한 자부심이 있기 때문에 특정 지역만을 한정 짓는 명칭을 사용한다. 예컨대 광교에 사는 사람은 절대 수원에 산다고 말하지 않으며 평촌에 사는 사람은 안양에 산다고 말하지 않는다. 또 인천이 아니라 송도에 산다고 말하고 성남이 아니라 분당에 산다고 말한다.

우리 사회는 언젠가부터 사는 곳에 따라서 자신의 사회적 지위가 나뉜다는 인식이 은연중에 팽배해 있다. 실제로 집값이 양극화되면서 이런 지역별 서열과 실제 소득, 자산과의 연관성이 매우 커졌다. 따라서 강남과 같은 으뜸 주거지의 경우에는 주택 고유의 주거 기능 외에 거주자의 지위를 나타내는 '지위재地位財'로서의

성격이 주택 가격에 반영돼 있다고 봐야 한다. 지위재란 품질이나 기능보다는 그 재화에 대한 고유한 인식과 이미지에 따라 가격이 결정되는 속성을 지닌 재화로 소유한 사람의 계층을 나타내는 데 사용된다. 명품이 대표적인 지위재다.

> **강남의 주거환경**
> - 대규모 아파트로 거주 형태가 동일하다. 아파트, 빌라, 연립, 단독 세대가 혼재되어 있지 않다
> - 동질성을 기반으로 한 배타적 커뮤니티가 형성된다

② 교육환경이 좋다

고교평준화 이전에는 명문 학교가 강남의 대표적인 교육 인프라였지만 지금은 그보다는 입시학원이 밀집한 학원 콤플렉스와 면학 분위기가 강남을 상징하는 대표적인 교육환경이라고 할 수 있다.

우리 아이가 학교를 처음 들어간다고 가정해보자. 이 세상 어느 학교에 가나 공부를 열심히 하는 아이도 있고 말썽을 피우는 아이도 있기 마련이다. 공부를 하는 아이와 안 하는 아이가 엄연히 공존하는 학교에 우리 아이가 진학한다면 머릿속은 복잡해질 수밖에 없다. 이유는 간단하다. 우리 아이가 공부를 열심히 하는 아

이와 친해져서 공부에 집중할지, 아니면 안 하는 아이와 친해져서 공부와 멀어질지 알 수 없기 때문이다.

따라서 면학 분위기는 공부를 잘하는가, 못하는가의 문제가 아니라 모두가 공부를 하는가의 문제와 관련이 깊다. 공부를 잘하는 아이의 비율이 높은 학교가 면학 분위기가 좋은 것이 아니라 반에서 꼴찌를 하는 아이들조차도 열심히 공부하는 학교, 다시 말해 모든 아이가 교육열이 높은 부모의 영향을 받는 학교가 면학 분위기가 좋은 학교인 것이다.

정말 학력 수준이 높은 학생의 비율이 높은 학교는 특목고나 과학고, 외고일 것이다. 일반고를 기준으로 볼 때 강남은 학력 수준 자체가 높다기보다는 학업에 대한 몰입도가 매우 평준화되어 있다. 이런 특징은 부모로서 자녀를 학교에 보내면서 최소한의 마음의 평화를 유지할 수 있게 해준다. 공부를 잘하고 못하고는 두 번째 문제다.

> **강남의 교육환경**
> - 학교의 수준보다는 학원 콤플렉스와 면학 분위기가 핵심이다
> - 부모의 관심과 교육열이 높아 학업 몰입도가 상향 평준화됐다

③ 교통편의성과 자연친화적 환경이 보장된다

교통편의성은 으뜸 주거지의 중요한 기준이지만 절대적인 기준은 아니다. 서울과 수도권 그리고 대도시라면 어디나 지하철, 버스와 같은 대중교통이 발달해 있어 으뜸 주거지로 인정받는 지역만 더 특별하다고 말할 수 없다. 예전에 주택 분양 때 많이 보던 광고 문구인 '지하철 도보로 10분'과 같은 표현이 사라진 이유가 여기에 있다. 이제 어디서나 마을버스로 두세 정거장이면 지하철에 접근 가능하고 위성도시라도 지하철 외에 광역 교통망이 잘 발달해 있어 교통 사각지대나 낙후지역이 사라졌다.

그보다는 오히려 요즘은 자연친화적인 환경이 더욱 중요해지고 있다. 강이나 천, 많은 녹지와 공원을 배후로 한다면 으뜸 주거지가 될 가능성이 높다. 주택을 고를 때 요즘 역세권이라는 말보다 '숲세권', '한강권', '녹세권'이라는 표현을 더 자주 사용하는 이유가 여기에 있다.

> **강남의 인프라 환경**
> - 교통편의성의 차별화는 그리 크지 않다
> - 자연환경 인프라가 더 중요한 기준이 된다

④ 거주민의 소득수준이 높다

으뜸 주거지로 발돋움하면 자연히 소득이 높은 사람이 많아진다. 이것은 미래의 주택 가격과도 매우 밀접한 관계가 있다. 소득 상위 지역의 주택 가격 상승률이 하위 지역에 비해 크게 높아지는 이유는 고소득자가 많을 경우 언제나 '매도자 우위 시장'이 형성되기 때문이다. 여기서 매도자 우위 시장이란 집을 팔려는 사람이 사려는 사람보다 가격 결정에 더 큰 영향력을 미치는 상황을 말한다.

예를 들어 모든 사람의 경제적 상황이 나빠지는 악재가 생겨 모든 주택의 가격 하락 요인이 생겼다고 가정해보자. 매매가 하위 지역 주택에 사는 사람은 주택 가격이 자신이 사들인 가격 이하가 되더라도 어려운 경제적 문제를 해결하기 위해 집을 팔려는 사람이 늘어난다. 매수자 우위 시장 환경이 쉽게 생겨버리는 것이다. 이것은 또다시 가격을 끌어내리는 요인으로 작용한다. 반면 상위 지역 주택을 보유한 사람은 웬만한 악재에도 자신이 살고 있는 집을 내놓지 않는다. 혹시 팔려고 하더라도 자신이 사들인 가격 이하로는 절대 생각하지 않는다. 똑같은 경제적 위기일지라도 체감의 정도가 다르기 때문이다.

따라서 고가주택시장은 가격이 떨어지는 시기에는 매물이 사라지고, 가격이 오를 여지가 생기면 바로 매도자 우위 시장이 형성되기 때문에 매수자 우위 시장은 전혀 나타나지 않는다. 이것을 가격의 '하방경직성下方硬直性'이라고 한다. 수요와 공급의 법칙에 따라 가격이 내려가야 할 상황이 생기더라도 그런 일이 벌어지지 않는 것이다. 이렇게 되면 이 지역은 새로운 진입자가 줄어드는데 결국은 가격이 진입 자체를 제한하는 역할을 하고 있다고 봐야 할 것이다.

> **강남 거주민의 높은 소득이 미치는 영향**
>
> • 주택 가격의 하방경직성이 진입 자체를 제한하는 역할을 한다
> • 매수자 우위 시장이 잘 나타나지 않는다

서울의 대표적인 으뜸 주거지, 여의도와 강남

고립형 으뜸 주거지, 여의도

지금의 강남을 대표하는 아파트인 압구정동 현대아파트와 대치동 은마아파트의 완공 시기가 1977년에서 1980년대 초인데, 그보다 빠른 1970년대 초에 대규모 아파트 단지가 여의도에 들어섰다. 그러니까 여의도는 우리나라 대규모 아파트 단지의 1세대 중에서도 첫째라고 할 수 있다.

1963년 당시 한강 남쪽의 서울은 영등포구가 유일했으며 이때는 아예 강남이라는 것이 없었다. 따라서 1970년대 중반 이후의 강남 개발 전에 부자들이 모여 사는 동네라면 단연 여의도가 꼽혔다. 1975년에 국회의사당이 이전해오고 1979년에는 증권거래소가 여의도에 들어선다. 이런 여의도에 처음 살던 사람들은 박정희 대통령 당시 군 고위급 장성과 군무원, 고위직 공무원, 언론인, 금융인, 국회의원 등으로 소위 세도가라고 할 수 있는 사람들이었다. 당시에는 지금처럼 전문직 고소득자가 많지 않았고 각 계층의 정치 권력을 쥔 사람들의 경제력이 높았기 때문에 여의도가 고위급의 밀집 주거지가 된 것이다.

여의도 부촌의 형성 배경은 앞서 언급한 강남의 4가지 조건과 딱 맞아떨어진다. 특히 여의도는 도시 속 작은 섬이라는 특징 때문인지 다른 으뜸 주거지에 비해 배타성이 매우 강하게 나타난다. 당대에 힘깨나 쓴다는 분들이 모여 살다 보니 특권의식이 강하게 형성될 수밖에 없었을 것이다.

여의도 안에서 이런 고위층 자녀가 다닐 수 있던 학교는 초등학교 1개, 중학교 1개, 고등학교 1개가 유일했다. 지금은 윤중중학교가 있지만 당시만 해도 여의도에 거주하는 학생은 모두 여의도 초·중·고등학교를 다녔다. 그렇다 보니 여의도 출신이라고 하면 여의도 초·중·고등학교 12년 동창이 되는 셈이었다. 이런 특징은 여의도에서 매우 배타적이고 고립된 문화가 형성되는 계기로 작용했다.

게다가 지금처럼 전문화된 학원이 없던 시절, 강남이 생기기 전에는 모든 서울대생이 여의도로 과외를 다녔다고 해도 과언이 아닙니다. 실제로 여의도고등학교는 1970년대부터 1974년 고교평준화 이후까지도 오랜 기간 전국 고교학력평가에서 1위를 차지했다. 이것이 바로 지금도 여의도를 서울 서부권의 으뜸 주거지, 강남으로 만든 요인이다. 하지만 여의도가 지금의 강남과 달리 유독 더 배타적인 속성을 지닌 커뮤니티를 형성한 이유는 따로 있다.

여의도는 예나 지금이나 행정구역상으로는 영등포구 여의도동이다. 다시 말해 큰 범주에서 보면 영등포구의 생활권이다. 지금은 서울에서도 집값이 높고 중산층이 많이 사는 동네로 변모했지만 1970년대만 해도 영등포는 주로 공장이 밀집한, 서민이 모여 있는 곳이었다. 필자의 부모님이 터를 잡으신 곳이 바로 영등포구이고 필자도 거기서 어린 시절을 보냈기 때문에 잘 알고 있다.

서민이 주로 사는 거주지와 인접한 으뜸 주거지는 폐쇄적이고 배타적인 속성을 띤다. 왕래가 자유로운데 어떻게 배타적이란 말인가? 바로 가격이 만들어내는 장벽 때문이다. 우선 여의도는 상업 시설의 물가가 주변 지역에 비해 높아서 여의도 주민 이외에 다른 이용객이 별로 없다. 높은 물가로 다른 지역에서 온 유동인구를 차단하는 셈이다. 특히 다른 으뜸 주거지와 마찬가지로 주택가격이 높아 이 가격장벽이 새로운 인구가 여의도로 진입하는 것 자체를 막고 있다.

배타적 속성을 지닌 또 다른 지역으로는 송도가 있다. 지금의 인천광역시 연수구에 있는 송도국제신도시 역시 여의도처럼 작은 섬이다. 이곳은 인천 앞바다의 간척지에 건설됐는데 정보 통신·멀티미디어 산업을 집중적으로 육성하기 위해 조성됐다. 주택 가격이나 물가로 인한 가격장벽은 타 지역 유동인구가 송도로 유입되는 것을 차단하는 역할을 할 정도로 배타적 성격을 띤다.

이 역시 초창기 여의도처럼 주변에 공단 지역을 끼고 있기 때문이다. 송도에서 다리 하나만 건너면 수많은 외국인 노동자를 볼 수 있지만 송도 시내에서는 그들을 찾아보기 힘들다.

> **으뜸 주거지의 가격장벽**
> - 상업 지역의 물가가 높다 (타 지역 유동인구 차단)
> - 높은 주택 가격이 새로운 주민의 진입장벽 역할을 한다

이런 고립형 으뜸 주거지는 인접한 곳과의 차별화를 통해 존재감을 드러내며 시간이 지남에 따라 배타적인 성향이 강해진다는 특징이 있다. 대표적인 지역별 으뜸 주거지 중에서 주변과의 차별화를 시도하며 고립적인 성향을 띠는 곳으로는 여의도와 송도 외에도 성남시 분당·판교, 안양시 평촌, 군포시 산본, 수원시 광교 등이 있다. 이런 곳은 구도심과 신도시 간의 개발 시차로 주변과의 주택 가격 격차가 커져서 다소 배타적인 성향이 나타난다.

> **서울 수도권의 고립형 으뜸 주거지**
> - 영등포구 여의도, 인천광역시 송도, 성남시 분당·판교, 안양시 평촌, 군포시 산본, 수원시 광교

확장형 으뜸 주거지, 강남과 서초

　스스로 가격장벽을 통해 고립을 선택하며 주변과의 차별화를 시도하는 으뜸 주거지가 있는가 하면 주변을 제2의 으뜸 주거지로 만들며 외연(범위)을 넓혀가는 곳도 있다. 대표적인 곳이 바로 서울의 강남인 강남구와 서초구다.

　강남과 서초는 여의도와 더불어 1세대 대단지 아파트가 들어선 지역으로 1980년대 고도성장과 더불어 생겨난 중산층과 전문직들이 대거 몰리면서 대한민국 대표 부자 동네가 됐다. 하지만 이곳은 구도심과 신도심으로 나뉜 '고립형 으뜸 주거지'에 비해 주변 지역과의 배타적 성격이 강하지 않다. 따라서 강남을 중심으로 주변이 계속 확장되는 지금의 '확장형 으뜸 주거지'가 됐다. 강남과 서초를 둘러싼 주변은 이름하여 '강남권'이라는 새로운 개념으로 불리며 으뜸 주거지로서의 이미지를 계속 강화하고 있다.

> **강남구와 서초구의 확장으로 생겨난 강남권**
> - 동서쪽: 동작구, 송파구, 강동구 (강남 바로 옆)
> - 북쪽: 성동구, 광진구 (다리만 건너면 강남)
> - 남쪽: 과천시, 판교, 분당 (강남과 연결된 신도시)

　이런 현상은 1990년대 이후 수도권의 인구가 날로 증가하고, 늘어나는 인구만큼이나 수도권이 최고라는 범주가 날로 확장됐던 트렌드와 무관하지 않다. 비슷한 예로 '서울대학교'의 확장이 있다. 명문대의 대명사 격인 서울대의 '서울'이라는 이름은 대한민국의 학부모와 학생들이 어떻게 해서든 붙잡고 싶은 이름이었을 것이다. 이것을 간절히 원한 나머지 서울대학교는 시대에 따라 범위가 계속 확장됐다.

1990년대 이전까지는 진짜 서울대에 가야만 서울대였다. 하지만 대학진학률이 60%를 넘어선 1990년대 이후에는 서울 안에 있는 대학만 가도 다행이라고 해서 일명 '인서울대(in 서울대)'라는 신조어가 등장했다. 2000년대 대학진학률이 80%에 육박하면서는 서울에서 통학 가능한 대학만 가도 좋다는 의미로 '서울상대(서울에서 상당히 가까운 대학)'라는 개념까지 나왔다. 이제는 '수도권대학'이라는 말이 있는데 꼭 서울이 아니라도 광역교통망으로 서울에서 통학이 가능한 대학이라는 말이다.

똘똘한 아파트를 만드는 주택 가격의 서열화

그렇다면 강남과 같은 확장형 으뜸 주거지가 주택 가격에 미치는 영향은 무엇일까? 바로 주택 가격의 서열화다. 으뜸 주거지라는 개념이 자꾸만 확장되면서 지난 20년간 서울의 주택 가격이 매우 서열화됐고 그 서열이 여간해서는 깨지지 않았다. 이처럼 주택의 서열화가 진행되면 주택 가격은 주택 본연의 가치 외에 주변의 주택 가격에 의해서도 영향을 받기 시작한다.

> **확장형 으뜸 주거지의 영향**
> ① 주택의 서열화가 진행된다
> ② 주택 가격이 주변 시세에 크게 영향을 받는다
> • 톱다운 방식의 집값 상승 또는 하락
> • 보텀업 방식의 집값 상승 또는 하락

　대학의 입학 커트라인으로 비유하자면 '서성한대(서강대·성균관대·한양대)'의 커트라인이 오르면 자연히 '연고대(연세대·고려대)'의 커트라인이 오르고 또 연고대의 커트라인이 오르면 그에 따라 서울대 커트라인이 함께 올라가는 것과 같은 이치다. 이것은 통념상 대학의 서열이 서울대, 연고대, 서성한대라는 공식이 있기 때문에 나타나는 현상이다. 이처럼 주택도 강남을 시작으로 명확한 서열이 생겨나 최상위에 있는 강남 지역 아파트는 부동산 억제 정책이 나올 때마다 주요한 정책 타깃이 되어왔다. 정부는 주택 가격 상승은 강남, 서초가 오르고 또 송파, 용산이 오르는 일종의 '톱다운' 방식으로 작동한다고 믿기 때문이다.

　하지만 주택 가격 상승이 반드시 톱다운 방식으로 진행되는 것은 아니다. 반대로 '보텀업' 방식의 주택 가격 상승도 있다. 주택 서열이 가장 낮은 지역의 주택 가격이 상승함으로써 바로 상위 지역의 가격을 올리고 이런 일이 도미노처럼 나타나면서 가격을 올리는 현상이다. 이런 현상이 생기는 가장 큰 원인은 바로 최근 들어 급속도로 증가한 1인 가구다.

2025년 현재 1인 가구는 815만 5,636가구로 전체 가구의 36.4%를 차지한다. 3가구 중 1가구가 1인 가구인 셈이다. 1인 가구는 자녀와 가족의 생활권에 매여 있어 이사가 자유롭지 못한 3~4인 가구와 달리 직주근접職住近接을 기본으로 주거를 선택한다. 그 때문에 집이 좁아지는 한이 있더라도 외곽 지역보다는 직장에 가까운 서울의 중심 지역으로 주거지를 옮기려는 성향이 강하다. 이에 따라서 1인 가구의 중심지 진출이 늘어나는데 그들이 거주하는 소형 주택의 가격이 오르면서 가격을 밑에서부터 끌어올리는 현상이 생기는 것이다. 원룸이 비싸지면 그에 맞춰 투룸이 비싸지고, 그다음 빌라가, 연립이, 주거환경이 좋은 아파트가 연쇄적으로 오르는 식이다.

통계자료에 따르면 서울에 일자리가 밀집된 곳으로는 강남권(송파, 강남, 서초)과 시내 중심권(종로, 중구) 그리고 여의도권(영등포, 마포)이 있다. 그러니까 수도권의 집값은 대체로 일자리 밀집 지역에서 가까우면 서열이 높고 멀면 서열이 낮아지는 구조를 띠는데 1인 가구가 도심으로 계속 진입하면서 보텀업 방식의 집값 상승을 가져온 것이다.

결국 '똘똘한 아파트'를 선택한다는 것은 서열이 공고해지고 양극화가 진행 중인 시장에서 선택 가능한 지역 가운데 가장 서열이 높은 곳의 주택을 선택하는 것이다.

— 2023년 서울시 종업원 수 비율(근사치)

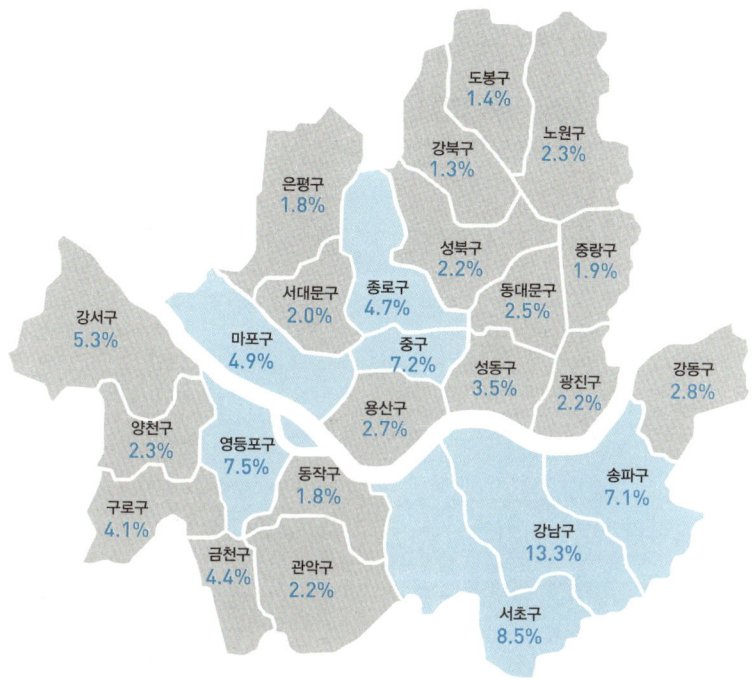

동일한 자본을 가지고 입지 서열이 더 높은 곳을 선택하려면 자연히 주택의 크기는 줄어들 수밖에 없다.

1-7
아파트 쏠림 현상은 결국 안전욕구 때문이다

　우리나라 어느 지역에서든 쉽게 볼 수 있는 것이 대규모 아파트 단지다. 새롭게 개발되는 지역이 있다면 어김없이 아파트가 들어선다. 과거에는 서울에서도 다양한 주거 형태를 많이 볼 수 있었지만 이제는 신축 주택으로 하나같이 아파트가 들어서고 있다. 통계청의 2023년 〈인구주택총조사〉에 따르면 우리나라 일반 가구 중 아파트에 거주하는 가구 수는 1,172만 가구로 전체 가구 중에서 53.1%를 차지했다. 아파트 가구 비율이 50%를 넘어선 것이다. 단독주택에 사는 가구 비율은 28.4%, 연립·다세대 주택에 사는 가구 비율은 11.2%였다. 아파트 선호 현상이 이어지고 있다. 이런 지나친 아파트 쏠림 현상의 진짜 원인은 무엇일까?

여성의 경제활동 증가와 편의성의 욕구

그동안 여성의 경제활동은 계속해서 증가해왔고 앞으로도 증가할 수밖에 없는 흐름이다. 이런 경우에는 조금이라도 가사노동 시간이 단축되는 편의성을 제공하는 주거 형태를 선호하게 된다. 단지 내에 학교가 있다든지 생활기반시설이 주변에 밀집해 있는 아파트는 그런 면에서 높은 편의성을 갖추고 있다고 할 수 있다.

자산 증식의 욕구: 아파트는 가장 현금화가 빠른 부동산이다

아파트는 그동안 가장 빠른 가격 상승을 보여온 주택 형태다. 따라서 아파트의 기본적인 자산 증식에 대한 기대감이 클 수밖에 없다. 아파트의 가격이 급격하게 상승하는 이유는 여러 가지가 있지만 우선은 수요자와 공급자 거래가 이루어지는 주택시장 규모가 가장 크다는 장점이 있다. 위치나 주변 환경은 물론이고 주택 평형과 구조 등에 관한 세세한 정보까지도 다른 주택에 비해서 완전히 공개돼 있어서 거래가 활발할 수 있다.

지금과 같이 경제위기가 반복되고 자산시장의 변동성이 커지는 상황에서 아파트가 다른 주택에 비해서 거래가 활발하다는 것은 결국 부동산이 갖는 단점인 유동성(현금화) 부족이라는 문제를 해결할 수 있다는 뜻이다. 사실 도심의 아파트는 매매가 되지 않아서 돈이 묶이는 경우가 많지 않다. 가격을 조금만 낮춰서 내놓으면 쉽게 현금화할 수 있는 주택인 것이다.

안전욕구: 아파트는 치안이 가장 좋은 주택이다

인간의 욕구를 설명한 매슬로의 욕구 5단계 이론에 따르면 인간이 갖는 가장 기본적인 욕구는 생리적 욕구이며 그다음은 안전의 욕구다. 본능에 가까운 생리적 욕구가 해결된 상황에서 인간이 갖는 가장 강한 욕구가 바로 안전하고 싶은 욕구인 것이다. 현대 사회에서 이런 안전욕구는 날로 증가하고 있는데 그 이유는 과거에 비해서 높아진 범죄율, 사건 사고가 끊이지 않는 치안의 불확실성이 높아지고 있기 때문이다. 우리 사회의 안전욕구는 과거에 비해서 얼마나 더 늘어난 것일까?

필자는 1990년대 후반 S 그룹에 입사하면서 한 달 정도 신입 연수교육을 받았다. 당시 연수교육 과정 중에는 교육생이 직접 가정집을 방문해 전자제품을 그 자리에서 판매해보는 독특한 체험 프로그램이 있었다. 서울 주택가에서 마치 방문판매원처럼 전혀 알지도 못하는 집에 무작정 초인종을 누르고 들어가 물건을 파는 방식은 지금 같아서는 도저히 상상하기 어려운 일이다. 요즘 같았으면 문을 열어주지 않는 것은 당연하고 집에 들어가는 일도 절대 불가능했을 것이다.

그런데 당시에는 놀랍게도 초인종을 누르면 모두가 대문 밖에 나와서 이야기를 들어주고 절반 정도는 일단 집으로 들어가서 이야기할 수 있도록 해주었다. 심지어 집에 아이와 엄마만 있는 집이 대부분이었는데도 고생한다며 음료나 과일까지 내주는 곳도 있었다. 돌아보면 어떻게 이런 일이 가능했을까 하는 생각이 든다. 25년 전만 하더라도 세상은 지금과는 확실히 달랐던 것 같다.

그러나 지금은 어떤가? 매스미디어를 통해 각종 범죄에 관한 뉴스를 들으면 말문이 막힐 지경이다. 도시의 편의성은 날로 늘어나고 있지만 범죄 뉴스는 끊이질 않고 그중에서도 강력범죄, 특히 불특정 다수를 대상으로 하는 무차별 범죄까지 심심치 않게 일어난다. 도시에 사는 현대인은 타인을 대상으로 하는 각종 범죄에 대한 공포심을 갖고 살아간다. 요즘은 옆집에 누가 사는지조차 잘 알지 못한다. 집 밖을 나가면 나 아닌 다른 사람들은 모두가 나에게 해를 가할지 모른다는 인식이 있을 정도로 세상이 험해졌다. 특히 여성, 어린아이, 노인은 이런 불안감이 더 클 수밖에 없다.

단독주택이나 일반주택은 생활 치안에 취약한 편이다. 따라서 아파트가 날로 안전욕구가 커지는 현시점에 가장 적합한 주거 형태가 된다. 공동주택이라고 하더라도 연립주택이나 빌라주택과 같이 세대수가 적어서 경비원의 수가 적거나 아예 없는 주택보다 대규모 아파트 단지가 더 선호될 수밖에 없다.

대규모 아파트 단지의 또 다른 이점으로는 자녀의 안전이 있다. 보통 1,000세대 이상인 아파트의 경우 단지 내에 학교가 있으며 집에서 학교로의 접근성이 좋고 오가는 통학로가 상대적으로 안전하다.

그렇다면 앞으로의 상황은 어떨까? 분명한 것은 도시에서의 치안과 안전욕구는 절대로 줄어들 수 없는 매우 기본적인 욕구가 됐다는 것이다. 예전에는 시골에서 내문을 활짝 열어놓고 살아도 아무 일이 없던 때도 있었지만 이제 세상이 날로 험해지면서 사람들은 비싼 대가를 치르더라도 주거안전만큼은 양보하지 않을 것이다. 이런 이유 때문에 앞으로도 아파트에 대한 쏠림 현상은 더욱 가속화될 것이다. 그동안 아파트 가격 상승률이 다른 주택에 비해서 현저히 높았던 이유 그리고 앞으로도 똘똘한 주택은 아파트가 될 수밖에 없는 이유가 바로 여기에 있다.

(1-8)

늘어나는 고소득 가구, 강남 입성을 노리다

 조동연 씨(40세, S 반도체 수석연구원)와 김주희 씨(41세, K 반도체 연구원)는 5세 아들을 키우는 맞벌이 부부다. 이들은 2018년에 결혼하면서부터 줄곧 용인에서 거주했고 3년 전쯤 청약으로 동탄에 아파트를 마련했다. 대한민국을 대표하는 반도체 회사에서 각각 연구원으로 근무하는 부부가 처음부터 경기도 남부권에 자리를 잡은 이유는 직장 때문이다. 원래 집은 서울이었지만 직장이 기흥과 이천에 있으니 동탄이 출퇴근도 용이하고 서울에 비해서 주택 가격도 저렴했다.

 하지만 얼마 전부터 부부는 수도권의 대표적 으뜸 주거지인 판교나 잠실로 이사할 계획을 하고 있다. 첫째 이유는 아이의 초등학교 입학이 다가왔기 때문이다.

 "아이가 어린이집을 다니던 때만 해도 전혀 계획이 없었는데 얼마 전부터 좋은 교육환경을 위해서 이사할 필요가 있겠다는 생각이 들더라고요!"

대기업에 다니는 맞벌이 직장인이라면 직장인 중에서는 꽤 소득이 높지만 판교나 잠실의 높은 집값을 감안하면 그녀는 이미 상당히 무리할 각오를 한 셈이다. 부부는 얼마 전부터 주말이면 판교와 잠실 그리고 강남에 이르기까지 집을 보러 다녔는데 갑자기 고민이 추가됐다. 내친김에 전세가 아니라 집을 사서 옮기는 것을 고려하기 시작했기 때문이다.

잠실이나 판교에 집을 산다면 지금의 주택을 판다고 해도 상당히 많은 담보대출이 필요하다. 그런데도 심각하게 고민 중인 이유는 수년간 서울 중심과 외곽의 집값이 점점 벌어지는 것을 몸소 느꼈기 때문이다. 결국 강남 입성의 둘째 이유는 재테크였다. 재테크 차원에서 더 유리할 것이라고 판단한 것이다.

주희 씨는 처음 이런 생각을 하게 된 계기로 부서의 상사이자 워킹맘 선배의 조언을 꼽았다. 서울에서 통근하지만 큰 불편함이 없고 아이가 어릴 적에 부모님께 맡기기 수월했으며 양질의 교육환경 등에 만족하고 있다는 이야기를 들었던 것이다.

필자는 부부가 강남으로 입성하려는 셋째 이유를 그들의 소득이라고 생각한다. 아직은 자산 규모가 크지 않지만 부부의 소득은 몇 년 전에 비해서 비약적으로 상승했고 고소득자의 범위에 들어왔다. 부부는 본인들을 중산층 이하의 월급쟁이에 불과하다고 말하지만 연봉이 기본적으로 높고 상여나 성과급도 매우 높아졌다.

2023년 원천징수영수증으로 살펴본 소득 현황은 다음과 같다.

김주희 연구원		조동연 수석연구원	
정기소득	9,745만 원	정기소득	9,650만 원
상여금	2,750만 원	성과보너스	3,155만 원
성과급	3,220만 원	생산성보너스	1,902만 원
귀성여비	200만 원	특별보너스	500만 원
특별수당	450만 원		
합산	1억 6,665만 원		1억 5,207만 원
부부 합산			3억 1,872만 원

2023년 부부의 세전 연간소득은 직장인이라고 하기에는 믿기 힘든 수준인 3억 1,872만 원이다. 물론 근로소득세로 8,235만 원을 납부해 실수령액은 2억 3,637만 원이지만 월평균소득으로 보면 1,969만 원이나 된다. 소득 중 성과급이 차지하는 비율이 높아 항상 고정된 소득은 아니라고 해도 이 정도면 소득으로 상위 5%다. 이것이 부부로 하여금 으뜸 주거지로의 진입을 생각하게 한 것이다.

몇 년 전부터 경제성장률 둔화와 소득의 양극화라는 말이 매스미디어의 단골 주제가 됐지만 상위 소득 가구의 소득은 저소득층에 비해서 빠르게 올라가는 모습을 보여왔다. 산업별로 희비가 엇갈리고 기업마다 큰 차이는 있지만 소득이 높아지는 직장인과 전문직은 계속 늘고 있다. 고소득자와 저소득자의 비율이 빠르게 늘면서 두터워져야 할 중산층은 상대적으로 계속 감소하는데, 이런 소득의 양극화는 고스란히 자산의 양극화로 이어진다.

한편 고소득자일수록 한계소비성향이 낮아진다. 한계소비성향이란 추가로 발생한 소득 중에서 소비되는 금액의 비율을 말한다. 한계소비성향이 낮아진다는 말은 고소득자일수록 새로 발생하는 소득을 모두 소비하지 못해서 잉여소득이 쌓인다는 의미다. 그도 그럴 것이 부자라고 하루 10끼를 먹는 것이 아니고 옷을 두세 벌씩 갈아입는 것도 아니기 때문이다. 소득이 늘면서 소비도 늘지만 한계소비성향은 차츰 낮아진다. 그러면 그 잉여소득이 자산 구입에 사용되는데 이렇게 되면 고소득자가 사는 가방이 비싸지고, 고소득자가 타는 차 가격이 비싸지고, 결정적으로 그들이 사려고 하는 아파트 가격이 빠르게 상승하는 것이다.

5분위 가구소득 중에서 가장 저소득층인 1분위(하위 20%)의 2024년 평균 가구소득은 전년 동분기 대비 1분기 5.4%, 2분기 3.7%, 3분기 4.4% 증가했다. 4분기 월평균소득은 121만 3,000원으로 3% 증가했다. 반면 최상위 계층인 5분위(상위 20%)의 2024년 4분기 월평균 가구소득은 1,119만 9,000원으로, 3.7% 증가했다. 2분위, 3분위 월평균소득 증가율은 5분위의 그것을 웃돌았으나 4분위 월평균소득 증가율은 그보다는 낮았다.

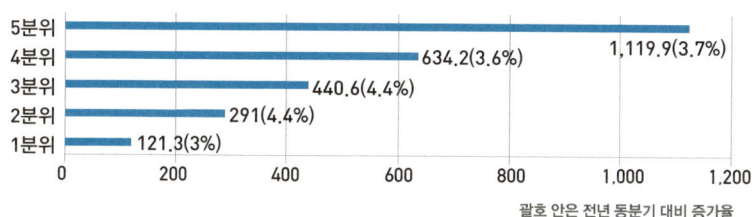

통계를 보면 가장 소득이 높은 상위 20%의 가구와 가장 소득이 낮은 하위 20%의 가구 간 월평균소득의 격차는 10배 가까이 난다. 20%라면 442만 가구인데 서울시 전체 가구 수가 414만이니 사실상 서울에 있는 모든 가구 수만큼의 가구의 월평균소득이 1,119만 원이라는 말이다. 그렇다면 상위 10%나 5%는 우리가 생각한 것보다 월평균소득이 훨씬 높을 것이다.

이 통계는 그동안 서열이 높은 주택의 가격 상승률이 서열이 낮은 주택의 가격 상승률에 비해서 왜 높았는지를 그대로 보여주는 근거가 된다. 서열이 높은 주택을 원하는 수요층의 소득이 상대적으로 더 빨리 올라가고 있기 때문이다.

> **주택 가격 양극화와 소득의 관계**
>
> • 5분위 가구소득과 1분위 가구소득의 격차 확대(소득의 양극화 진행)
> → 서열이 높은 지역의 주택 가격 상승률이 높아지는 또 하나의 원인

예비 강남 입성자는 어떤 부류인가?

그렇다면 현재 주택시장에서 서열이 가장 높은 '지역별 강남'으로 진입을 원하는 사람들이 누구인지 알아보자. 우리나라의 인구는 2012년에 5,000만 명을 돌파했고 2025년 현재 약 5,168만 명이다. 인구는 증가율이 줄었을 뿐 아직까지는 늘고 있다. 출생률은 과거보다 많이 낮아졌지만 사망률도 급격히 낮아졌기 때문이다. 추계 기준 2024년 총가구는 2,217만 9,969가구이며 이 중 1인 가구는 794만 723가구로 빠르게 증가하면서 인구증가율보다 가구 수가 증가율이 높은 상황이다. 현재 서울과 수도권에서 평당 아파트 가격 기준 최상위로 분류되는 8개 지역의 가구 수를 추정해보면 약 110만 가구로 전체의 5% 정도를 차지한다.

> **주택 가격 서열 최고 지역에 거주하는**
> **110만 가구(5%)**
>
> - 강남구 25만 6,000가구, 서초구 18만 8,000가구, 송파구 29만 8,000가구
> - 용산구 9만 8,000가구, 양천구 19만 7,000가구, 여의도(여의동) 1만 5,000가구
> - 경기도 과천시 3만 8,000가구, 판교(판교동) 1만 2,000가구
>
> *추정 가구 수는 2024년 4분기 지역별 인구수÷2024년 평균 가구원 수 2.2명, 통계청 〈장래가구추계 2022~2052년〉(2024)을 참고하여 산정

이곳에 거주하는 가구들의 평균소득은 얼마나 될까? 정확한 자료는 없지만 앞서 상위 20%인 441만 가구의 월소득평균이 약 1,120만 원인 점을 고려하면 상위 5% 정도 되는 110만 가구의 월평균소득은 그보다는 훨씬 높을 것이라는 짐작이 가능하다.

물론 표준편차를 모른 채 평균만을 가지고서 표본의 전체 상황을 알기에는 한계가 있다. 1,120만 원이라는 것은 평균일 뿐 20%에 해당하는 모든 가구의 소득이 1,120만 원이라는 뜻은 아니기 때문이다. 하지만 상위 20%인 441만 가구의 평균이 1,120만 원이면 상위 5%에 해당하는 110만 가구의 월평균소득은 5분위 가구소득 전체 표준편차의 절반만 적용해도 최소 3,000만 원은 확실히 넘을 것이라고 추정할 수 있다. 또 바로 밑의 상위 5~10%인 110만 가구 또한 평균 소득상승률을 감안했을 때 멀지 않은 시기에 월소득 2,000만 원이 넘는 가구가 될 가능성이 있다.

― 상위 20% 가구의 월평균소득과 상위 10% 가구의 월평균소득 추정치

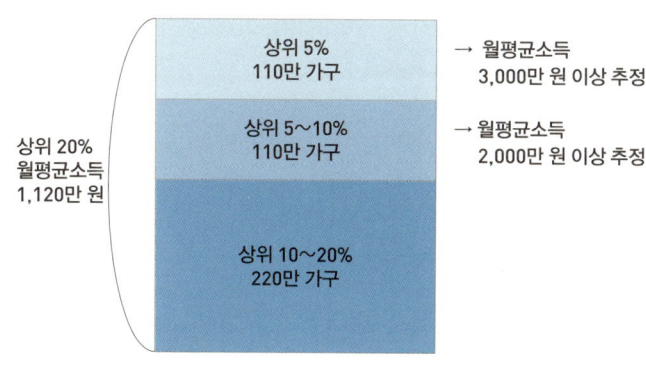

가구 월평균소득이 3,000만 원이 넘는 110만 가구와 곧 2,000만 원이 넘을 것이 확실한 110만 가구는 어떤 부류의 사람들일까? 현재 지역별 강남에 거주하는 이들과 곧 강남 입성을 노리고 있는 대기수요는 결국 고소득 전문직과 맞벌이 직장인이다. 경기 침체로 자영업자나 중소기업 노동자는 소득이 뒷걸음질하고 있지만 상위 20%인 440만 가구는 소득이 꾸준히 늘고 있다. 따라서 강남으로 대표되는 지역별 으뜸 주거지가 수용 가능한 가구 수가 고작 110만 가구이다 보니 이들의 비약적인 소득 상승 때문에 상위 지역 집값 상승률이 계속해서 높은 것이다.

2008년 미국 금융위기 이전에 한국의 경제성장률은 4~5%대를 유지했다. 어떤 사업을 하더라도 평균적으로 그만큼의 성장이 가능했다는 이야기다. 이 시기 금리가 4%였는데도 이처럼 높은 이자를 내고도 장사를 하면 돈이 되는 상황이었다는 뜻이 되는 것이다. 그래서 2000년대 초반까지는 대한민국에서 고소득자라고 하면 소수의 전문직(의사, 변호사, 회계사 등)을 빼면 직장인보다는 단연 사업을 하는 자영업자나 중소기업을 운영하는 사람들이 대부분이었다.

하지만 2008년 이후 장기적인 경제침체가 시작되면서 많은 자영업자와 사업가가 고소득자에서 이탈했다. 반면 대기업과 같이 연간소득이 높은 직장을 다니는 사람, 또 그런 직장인으로 맞벌이를 하는 사람들이 고소득자의 반열에 빠르게 진입했다.

이것은 2008년 이후 지방과 서울, 그리고 서울 안에서도 상위 지역과 기타 지역의 아파트 가격을 양극화하는 데 큰 영향을 끼쳤다. 과거 고소득자 중 높은 비율을 차지하던 자영업자와 사업가는 꼭 도심에 거주해야 하는 것은 아니었지만 전문직과 맞벌이 직장인은 도심형 주거를 강력히 선호하는 특징이 있기 때문이다. 이러한 트렌드는 단기간에 변화하거나 달라질 상황은 아니다. 결국 이런 이유가 상위 서열 주택 가격 상승률을 높이는 결과로 이어지고 있다.

2008년 이후 고소득자의 변화

- 직군: 사업가 → 전문직, 대기업 맞벌이
- 고소득자 주거: 도심 선호도 보통 → 도심 선호도 매우 강함

주택 가격은 무엇으로 구성돼 있을까?
전세와 월세의 흐름을 알면 미래의 아파트 가격이 보인다
강남 한강뷰 신축, 명품의 또 다른 이름
초고가 아파트는 '보장된 맛집'이다
미들 리스크와 미들 리턴이 사라지는 시대
지역마다 가격 상승률이 다른 이유
똑똑한 아파트, 도대체 언제까지 오를까?
BTS의 인기가 이해되지 않는다면 재테크는 포기하라

2장
집값을 알면 내 집 마련의 길이 보인다

> 2-1

주택 가격은
무엇으로 구성돼 있을까?

　우리나라 사람들은 부동산, 특히 주택 문제에서는 모두가 자칭 전문가들이다. 필자에게도 많은 사람이 조언을 구한다며 질문을 하는데 주로 특정 지역, 특정 아파트의 전망을 물어본다. 하지만 자신이 원하는 정도로 긍정적인 대답이 나오지 않으면 곧바로 "에헤… 그거 모르시네요? 여기에 앞으로 경전철이 개통할 예정이거든요. 앞으로 큰 도로도 뚫릴 예정이라서…" 하는 식의 열변을 토한다. 그러니까 본인이 이미 내려놓은 결론에 확인 도장을 받고 싶어 물어본 것이다.

　주택 가격은 상대적인 것이다. 우리 아파트가 5,000만 원 올랐다고 해도 길 건너 아파트가 1억 원이 올랐다면 우리 아파트는 5,000만 원이 떨어진 셈이다. 우리 지역에 좋은 호재가 있다고 해도 상대적으로 다른 지역에 더 좋은 호재가 있다면 우리 지역의 가치가 높아진 것으로 볼 수 없다. 이제 주택 가격이 어떤 가치로 구성돼 있고 또 어떤 가치에 영향을 받는지 정확히 알아보자. 이 내용을 잘 익혀두면 주택을 고를 때 큰 도움이 될 것이다. 우선 주택 가격은 크게 '사용가치'와 '투자가치'에 의해서 결정된다.

'사용가치'는 말 그대로 얼마나 사용하기에 좋은가를 나타내는 것이다. 집도 큰 틀에서 보면 매일 사용하는 물건과 같기 때문에 사용하는 데 편리한 이점이 있다면 가치가 높고 가격이 높아질 수밖에 없다. 교통은 편리한지, 주변에 어떤 학교가 있는지, 주변에 편의시설이나 녹지환경을 끼고 있는지 등 여러 요소가 있다. 그런데 이런 요소는 위치와 밀접한 관련이 있다. 그래서 사용가치 중에서도 중요한 요소가 바로 '위치가치'다.

아울러 지은 지 얼마 되지 않은 집은 좋은 구조와 최신 시설을 갖추고 있을 테니 더 높은 가치를 갖게 된다. 이런 것은 얼마나 신축인지와 관련이 있어서 사용가치 중에서도 '신축가치'라고 한다. 결론적으로 사용가치란 위치가치와 신축가치를 합한 개념이다.

주택 가격을 구성하는 또 하나의 요소가 바로 '투자가치'다. 사용가치와 같이 당장 누릴 수 있는 이점은 아니지만 주택 소유자

— 주택 가격의 형성 원리

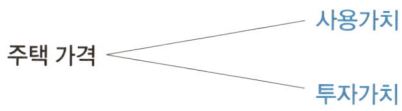

에게 훗날 재산 증가를 가져다 줄 가능성이다. 다시 말해 앞서 설명한 기댓값이 이것이다.

투자가치 중에서 대표적인 것이 '재건축가치'다. 저층 아파트를 부수고 새로 고층 아파트를 지을 경우, 기존의 낮은 용적률(전체 대지 면적에서 모든 건축물의 바닥 면적을 합친 면적의 비율)이 대폭 늘어나므로 집의 크기는 더 커질 수 있다. 용적률이 2배만 늘어난다고 해도 70m² 아파트가 미래에 140m² 아파트가 되므로 집이 한 채 더 생기는 셈이다. 매우 작고 낡은 아파트인데도 가격이 수억 원을 훨씬 넘는 경우 보통 집값 안의 투자가치, 그중에서도 바로 이 재건축가치 때문이다.

또 재건축 아파트는 아니더라도 타 지역에 비해서 훗날 집값이 상대적으로 많이 오를 것이라고 기대받는 곳이 있는데 강남과 같이 어느 지역에나 존재하는 최상위 인기 주거지를 말한다. 과거 집값 상승률이 높았고 앞으로도 높은 상승률이 기대되는 곳이다. 이런 곳 또한 투자가치가 있다고 할 수 있다. 더 정확히는 '기대가치'가 있는 것이다. '강남불패'란 대중이 가지고 있는 높은 기대가치를 표현한 말이다. 야구경기를 볼 때 주자 만루인 상황에서 팀에서 가장 강한 4번 타자가 나온다면 여느 때와 달리 큰 기대를 갖는 것과 같은 이치다. 이런 고정관념인 기대가치는 실제 주택가격에 큰 영향을 미친다.

이런 기대가치가 있는 지역은 실수요뿐만이 아니라 집이 있는 사람들까지 추가로 집을 사려고 기웃거리는 대기수요도 있고 상황이 조금만 바뀌면 수요가 몰려드는 잠재수요까지 항상 있기 때문에 집값이 높아진다.

정리해보면 주택 가격은 총 4가지의 가치로 형성된다고 볼 수 있다. 하지만 재건축가치는 재건축사업으로 인한 초과이익에 대한 환수제도나 최근 급격하게 오른 건축비용 등의 영향으로 현 정부의 정비사업을 통한 공급확대 정책에도 불구하고 사업성이 크게 떨어지는 실정이다. 재건축의 성공은 점점 더 어려워지고 있다. 사실상 10층 이하(용적률 200% 이하)면서 지은 지 30년이 넘는 단지가 아니라면 현실적으로 재건축가치는 '0'으로 봐야 할 것이다. 아울러 일부 특정 지역, 최상위 인기 주거지가 아니라면 기대가치도 크게 작용하지 않는다. 따라서 대부분 주택은 오직 사용가치로만 가격이 결정된다고 봐도 무방하다.

투자 격언 중에 "부동산 가치를 결정하는 중요한 3가지는 첫째도 로케이션(위치), 둘째도 로케이션, 셋째도 로케이션"이라는 말

— 주택 가격의 세부 형성 원리

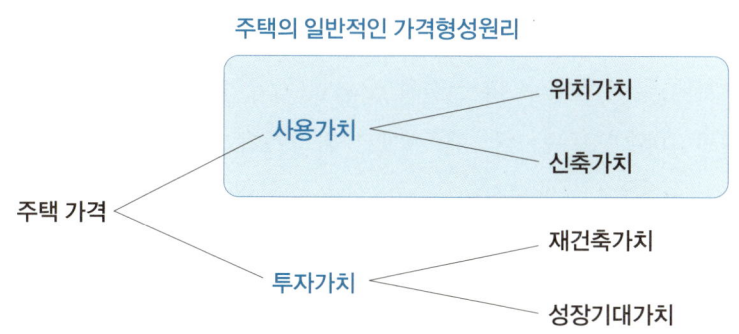

이 있다. 그만큼 위치가치가 중요하다는 것을 강조하는 말이다. 그렇다면 앞으로 보유할 주택을 고를 때 위치가치와 신축가치 중 무엇을 더 우선시해야 할까? 당연히 위치가치다. 근래에는 '얼죽신(얼어 죽어도 신축)'이라는 신조어가 쓰일 만큼 신축 아파트의 인기가 높아지고는 있지만 장기적으로 보면 위치가치를 더 우선시해서 집을 골라야 한다. 아무리 신축가치가 높다고 해도 사람들이 선호하지 않은 외딴 곳(위치가치가 낮은 지역)이라면 상대가치는 높아질 수 없기 때문이다. 따라서 같은 가격이라면 위치가치가 더 높은 곳을 선택해야 한다.

주택 선택의 우선순위
• 위치가치 > 신축가치

위치가치나 신축가치 모두 시간이 지나면 달라진다. 그중 신축가치는 시간이 지남에 따라서 계속 감소한다. 새로 지은 집이라도 언제까지나 신축은 아니기 때문이다. 반면 위치가치는 상대적인 것이니 타 지역에 비해 증가할 수도 있고 감소할 수도 있지만 수도권이나 대도시는 새로운 개발로 위치가치가 달라지는 데 한계가 있다. 따라서 위치가치는 신축가치에 비해서 쉽게 변하지 않는다. 다만 상대적인 위치가치는 조금씩 달라질 수 있다.

2000년대로 접어든 지 25년이 넘어가는 지금, 전국 주택 가격 최고가 지역은 어떻게 변했을까? 주택 가격이 가장 높다는 것은 위치가치가 가장 좋은 곳이라는 뜻이니 만일 이것이 변했다면 위치가치도 변했음을 시사한다. 서울에서 변함없는 1위는 강남, 서초 지역이었고 경기도에서는 과천, 대구에서는 수성구였지만 그 밖의 지역은 그사이 모두 변화가 있었다.

물론 대규모 아파트가 새로 생겨 일시적으로 신축가치가 커지면서 주택 가격에 변화가 일어난 곳도 있을 수 있겠지만 그보다는 시간이 지남에 따라서 중심지가 이동, 그러니까 위치가치가 변하면서 주택 가격이 달라진 곳이 대부분이다. 전국의 부촌 지도가 시간이 지나면서 바뀌는 것을 보면 주택 가격에 가장 큰 영향을 주는 위치가치도 장기적으로는 달라질 수 있음을 알 수 있다.

따라서 똘똘한 한 채를 고를 때 앞으로 시간이 지남에 따라서

— 2000년대 이후 전국 주택 가격 최고가 지역 변화

지역	2000년	2025년 3월
전남	목포(463만 원)	무안(667만 원)
경북	경산(669만 원)	예천(696만 원)
충남	부여(403만 원)	천안(658만 원)
강원	태백(333만 원)	춘천(605만 원)
인천	부평구(942만 원)	연수구(1,107만 원)
부산	해운대구(1,268만 원)	수영구(1,284만 원)
광주	동구(519만 원)	서구(661만 원)
대전	서구(747만 원)	유성구(840만 원)
울산	중구(904만 원)	남구(936만 원)

자료: 부동산114 시세종합
괄호 안은 3.3m^2당 평균 아파트 가격

타 지역에 비해 위치가치가 어떻게 달라질 수 있는지를 우선적으로 점검해야 한다. 뒤에 나오는 위치가치 점검 리스트를 보면서 현재 본인이 거주하고 있는 집의 위치가치를 상대적으로 평가해보자. 상대적으로 평가한다는 말은 가격이 비슷한 다른 곳과 비교해서 점검해야 한다는 뜻이다. 위치가치는 상대적인 것으로 주관적인 평가는 바람직하지 않기 때문이다. 비슷한 가격의 주변 지역 주택이나 다른 지역 주택에 비해서 해당 항목이 어느 정도의 평가를 받을 수 있는지를 생각하며 체크해보자. 주택의 위치가치를 보는 식견을 높일 수 있을 것이다.

위치가치 점검 연습

우선 본인이 5년 이내에 도전하고자 하는 지역의 아파트를 대상으로 위치가치를 비교하는 '임장 연습'을 해볼 것을 추천한다. 부동산 사이트에 접속해 매물 검색을 누른 후 ① 가격 ② 평형 ③ 연식 조건을 입력해보자.

예를 들어 5년 후 7억 원 정도 하는 아파트 구입을 목표로 하고 있는데 목표 시점인 5년 후에 집을 보러 다닌다면 좋은 매물을 고르기 어렵다. 따라서 일찍부터 지역 간에 어떤 특장점이 있는지 위치가치를 평가하면서 입지를 보는 안목을 키우는 것이 좋다.

5년 후에 7억 원인 아파트의 현재 가격은 얼마일까? 인플레이션을 2%로 적용해서 보면 7억 원÷(1+0.02)^{5}로 6억 3,400만 원이 나오는데 ±5%를 기준으로 가격 구간을 정하면 좋다. 평형은 전용면적 55~60m²(20평대 초중반)로 하고 연식은 신축으로 고르면 가격에 비해 입지 수준이 낮아질 가능성이 있으므로 10~20년 사이로 한다.

① 가격: 6억 200만~6억 6,600만 원
② 평형: 전용 55~60m²
③ 연식: 10~20년

이렇게 하면 비슷한 수준의 주택들이 지역별로 나온다. 이 중에서 10개 정도를 고른 후 임장을 해서 위치가치를 평가해보면 도움이 된다. 임장이란 부동산 물건과 주변 정보를 확인하기 위해 직접 현장을 방문해 조사하는 활동을 말한다. 요즘은 주변 환경을 관조적으로 보려면 부동산 사이트의 지도나 로드뷰를 보는 것이 오히려 좋기에 사이버 임장을 추천한다. 위치가치 점검 리스트는 우수는 3점, 보통은 2점, 부족은 1점으로 매기고 합산해보자.

① 우수: 3점(30% 이내)
② 보통: 2점(40% 이내)
③ 부족: 1점(30% 이내)

10개 아파트를 서로 비교하되 질문 항목마다 우수는 3개 아파트, 보통은 4개 아파트, 부족은 3개 아파트를 선정하는 방식으로 절대평가가 아니라 상대평가가 돼야만 장단점을 가려낼 수 있다.

'교통과 도심접근성' 평가 항목은 요즘과 같이 거미줄처럼 잘 연계된 대중교통망을 고려할 때 도시 안이라면 어디라도 평가가 크게 차이가 나지 않는 항목이다. 서울의 경우 중심업무지구는 강남 외에도 여의도, 종로, 중구, 판교 등 여러 곳이 있기 때문이다. 이때 중심업무지구란 고층·복합건물이 밀집되어 있고, 전문직과 일반업무의 사무실, 유명백화점, 고급상점과 음식점, 영화관, 호텔 등이 모여 있으며 가장 많은 일자리가 존재하는 곳이다.

아울러 위치가치는 모든 주택에 동일하게 적용되지만 어떤 기준이 더 큰 영향을 미치는지는 부유층 주택과 중산층 주택, 서민층 주택에 따라서 달라진다. 따라서 그 부분을 염두에 두고 점검해야 한다. 주택 가격만으로 상류층·중산층·서민층 주택이라고 딱 잘라 구분하는 것은 무리가 있다. 하지만 위치가치 평가를 위해 굳이 구분해보자면 서울의 경우 부유층 주택시장은 $3.3m^2$당 6,600만 원 이상, 중산층 주택시장은 $3.3m^2$ 당 3,960만 원~6,600만 원, 서민층 주택시장은 $3.3m^2$당 3,960만 원 이하로 나눌 수 있다.

위치가치 점검 리스트

우수 3점 | 보통 2점 | 부족 1점 (상대 평가)

① 치안환경   점수

주택을 중심으로 반경 0.5㎞(도보 10분) 이내에 유해환경과 유해시설이 있는가
주택에서 대중교통 이용지점까지 도보 이동경로에 치안환경은 어떠한가
주택을 중심으로 반경 0.2㎞(도보 3분) 이내에 외지인의 출입이나 접근이 있는가
주택의 주차시설과 공간은 야간에 사용 시 안정성과 용이함이 있는가
주택이 자연재해(산사태, 지진, 해일, 홍수 등)로부터 안정성을 갖추고 있는가

② 교육환경   점수

학생들의 거주지는 주변 동일한 수준의 주택으로 단일화된 편인가
주택 거주자들의 전반적인 소득 수준과 교육열은 높은 편인가
초등학교는 접근이 용이하고 도보로 안전하게 등하교가 편리한 편인가
중고등학교는 접근이 용이하고 좋은 면학 분위기가 형성되어 있는 편인가
사교육시설(학원) 접근이 용이하고 다양한 선택이 가능한 편인가

③ 교통과 도심접근성   점수

중심업무지구로 대중교통을 통해 편리하게 접근할 수 있는가
주택에서 고속도로의 접근이 용이한가
주택에서 도시고속화도로의 접근이 용이한가
주택에서 대중교통망과의 연계성이 우수한가
주택에서 지하철역과의 접근성이 용이한가

④ 자연환경 인접/조망권   점수

집 안에서 강, 호수, 천과 같은 자연적인 물이 보이는가
주택 주변에 강, 호수, 천과 같은 자연적인 물이 있는가
집 안에서 인공장애물이 없이 자연의 녹지가 보이는가
주택 주변에 자연적인 녹지나 인공적으로 조성한 공원이 있는가
집 밖으로 조망권이 얼마나 멀리 확보되는가

> **서울 지역 아파트 3.3m²당 주택 가격**
>
> • 부유층 주택시장: 6,600만 원 이상(강남, 서초, 송파, 용산)
> • 중산층 주택시장: 3,960만 원~6,600만 원(양천, 마포, 영등포 등)
> • 서민층 주택시장: 3,960만 원 이하(동대문, 도봉, 금천, 노원 등)

　부유층 주택시장은 위치가치의 4가지 기준인 ① 치안환경 ② 교육환경 ③ 교통과 도심접근성 ④ 자연환경과 조망권이 이미 최고 수준이다. 따라서 위치가치가 바뀌는 일은 드물다. 다만 다른 지역에 비해서 ① 치안환경 ② 교육환경이 그 밖의 요인들에 비해 큰 비중을 차지한다. 여기서 주의할 점은 ③ 도심접근성 ④ 자연환경의 비중이 작다는 것이 다른 지역에 비해 도심접근성이나 자연환경이 결코 나쁘다는 뜻이 아니라는 점이다. 다만 집값에 영향을 덜 준다는 뜻으로 해석해야 한다.

　중산층 주택시장은 위치가치의 4가지 기준 중에서 ① 치안환경 ② 교육환경 ③ 도심접근성이 가장 중요한 가격 결정요인이다.

　서민층 주택시장은 위치가치의 4가지 기준 중에서 ③ 교통과 도심접근성이 가장 중요한 가격 결정요인이다. 이런 지역은 새로운 지하철이 뚫리거나 큰 길이 생기는 것 등이 주택 가격에 가장 큰 영향을 주는 호재가 된다.

주택시장의 결정요인

- 부유층: 치안환경 35%, 교육환경 35%, 교통 및 도심접근성 15%, 자연환경 15%
- 중산층: 치안환경 30%, 교육환경 30%, 교통 및 도심접근성 30%, 자연환경 10%
- 서민층: 치안환경 15%, 교육환경 15%, 교통 및 도심접근성 60%, 자연환경 10%

2-2 전세와 월세의 흐름을 알면 미래의 아파트 가격이 보인다

자본주의 시장경제를 제대로 파악하려면 시장에서 자산 가격이 어떻게 결정되는지를 이해해야 한다. 특히 자산 중에서도 주택 가격은 어떻게 형성될까? 앞에서 주택 가격에 어떤 가치가 포함돼 있는지 알아보았지만 그것은 숫자로 정확히 계량되는 것은 아니다. 따라서 이번 장에서는 한 걸음 더 나아가 정량적으로 어떤 원리가 가격에 영향을 주는지 알아보자.

자산과 소비재의 차이

우선 자산과 소비재는 무엇이 다른지 짚고 넘어가자. 자산이란 소비재처럼 소비되어 사라지는 것이 아니며 대량생산 방식으로 생산될 수 없어서 근본적으로 공급이 유한한 것을 말한다. 따라서 일정한 가치가 있고 소유한 자에게 계속해서 현금 흐름을 생산해주며 거래가 가능한 것이다.

그렇다면 직업은 자산일까? 직업은 분명 월급이라는 현금 흐름을 발생시켜준다. 하지만 자산은 아니다. 직업은 거래할 수 없기 때문이다. 즉 가격을 매길 수 없다는 것이다. 그렇다면 내가 소유한 노트북은 자산일까? 노트북은 다른 사람에게 팔 수 있다. 하지만 노트북은 계속해서 현금 흐름을 생산하는 것이라고 보기 어렵다. 그냥 소비되어 사라지는 것이다. 따라서 자산으로 보기엔 무리가 있다. 결국 자산이란 주식, 아파트, 상가, 건물, 예금 같은 것이라고 할 수 있다.

자산의 정의
- 소유한 자에게 계속해서 현금 흐름을 생산해주고 거래가 가능한 것
- 주식, 아파트, 상가, 예금 → 자산 ○
- 직업, 노트북 등 → 자산 ✕

주식은 배당금, 아파트는 전세나 월세, 상가는 임대료, 예금은 이자가 바로 해당 자산에서 나오는 현금 흐름이다. 이 현금 흐름이 커진다면 당연히 그 자산의 가격은 올라간다. 결국 자산 가격이 얼마인지는 해당 자산에서 나오는 미래의 현금 흐름이 어떠한지와 매우 밀접한 관련이 있음을 짐작할 수 있다.

자산가격이 결정되는 원리

　자산 가격의 책정 원리를 한 가지 예를 통해 알아보자. 정년퇴직을 앞둔 박 씨, 김 씨, 이 씨 세 사람은 퇴직 후 생활비로 매월 200만 원을 꼬박꼬박 받을 수 있는 자산을 마련하기로 결심했다. 그들은 어떤 자산을 사는 것이 좋을지 고민하기 시작했다. 세 사람은 매월 200만 원이 필요하다는 공통점이 있었지만 자산 구매에 지불해야 하는 돈(원금)과 그 자산이 가져다주는 현금 흐름(미래 수익)에 대한 기대 수준은 모두 달랐다. 박 씨는 최소 연 5%의 수익률을 기대한다. 반면 김 씨는 연 4%도 괜찮다고 여긴다. 이 씨는 수익률이 연 3%라도 상관없다고 생각한다. 결국 세 사람은 고심 끝에 각각 다음과 같은 자산을 구입했다.

　　박 씨: 영등포구 상가 4억 8,000만 원에 구입(월 200만 원 임대료 예상)
　　김 씨: 서대문구 아파트 6억 원에 구입(월 200만 원 월세 예상)
　　이 씨: 시중은행 월이자 지급예금에 8억 원 예치(월 200만 원 이자 예상)

　자산에 대한 요구수익률(기대수익률)이 가장 높은 박 씨는 월 임대료로 200만 원을 받을 수 있다는 4억 8,000만 원짜리 영등포구 상가를 구입했다. 박 씨의 요구수익률이 연 5%라는 것은 월 200만 원의 생활비가 나오는 자산을 구입하는 데 4억 8,000만 원 이상은 절대로 내지 않겠다는 뜻이다.

4억 8,000만 원 × 요구수익률 5% = 월 임대료 200만 원(연간 2,400만 원)

반면 김 씨는 월세로 200만 원을 받을 수 있다는 서대문구의 아파트를 6억 원에 구입했다. 김 씨의 요구수익률이 연 3%라는 것은 월 200만 원의 생활비가 나오는 자산을 구입하는 데 6억 원 정도는 낼 용의가 있다는 뜻이다.

6억 원 × 요구수익률 4% = 월세 200만 원(연간 2,400만 원)

마지막으로 이 씨는 월 200만 원을 받기 위해 시중은행에 월 이자 지급식 예금상품에 8억 원을 예금했다. 8억 원을 내고 예금이라는 자산을 구입한 셈이다. 이 씨의 요구수익률이 연 3%라는 말은 월 200만 원의 생활비를 타는 데 무려 8억 원이나 낼 용의가 있다는 뜻이다.

8억 원 × 요구수익률 3% = 월 이자 200만 원(연간 2,400만 원)

얼핏 보면 박 씨가 가장 현명한 선택을 한 것처럼 보인다. 가장 적은 돈인 4억 8,000만 원을 투자해서 생활비 200만 원을 탈 수 있기 때문이다. 하지만 상가는 아파트에 비해서 미래에 공실이 생길 위험이 있기 때문에 매월 200만 원을 확실하게 탈 수 있을지는 의문이다. 수익율이 5%로 높은 대신에 불확실성이 높은 것이다. 반면 김 씨는 아파트에서 받는 월세 200만 원은 박 씨의 상가보다는 안정적이겠지만 이 역시 이 씨의 예금에서 나오는 월 200만 원만큼 확실하다고 보기는 어렵다. 결국 박 씨는 김 씨에 비해, 또 김 씨는 이 씨에 비해 높은 수익률을 올리는 대가로 미래 변동성, 즉 리스크를 감수하고 있는 것이다.

박 씨: 요구수익률 높음

$$4억\,8{,}000만\,원 = \frac{불확실\ 2{,}400만\,원}{5\%(0.05)}$$

김 씨: 요구수익률 보통

$$6억\,원 = \frac{약간\ 불확실\ 2{,}400만\,원}{3\%(0.03)}$$

이 씨: 요구수익률 낮음

$$8억\,원 = \frac{매우\ 안정적\ 2{,}400만\,원}{2\%(0.02)}$$

이 셋 중 이 씨가 가장 비싼 대가를 치르고 예금을 선택한 이유는 수익률보다는 미래의 안정적인 현금 흐름을 더 중요시하기 때문이다. 여기서 현금 흐름을 요구수익률로 나누면 그 값이 결국 자산 가격이 된다는 것을 알 수 있다.

> **자산 가격 계산 공식**
>
> $$\text{자산 가격(P)} = \frac{\text{연간 현금 흐름(CF)}}{\text{요구수익률(R)}}$$

이 수식은 간단하지만 자산 가격의 미래를 예측하는 데 많은 정보를 알려준다. 결국 자산에서 나오는 현금 흐름이 커질수록, 또 그 자산에 대한 요구수익률이 낮아질수록 자산 가격은 오르게 된다.

> **자산 가격의 상승요인**
>
> $$\text{자산 가격} \blacktriangle = \frac{\text{현금 흐름} \blacktriangle}{\text{요구수익률} \blacktriangledown}$$
>
> ① 현금 흐름이 커지거나
> ② 요구수익률이 낮아지거나

요구수익률이 낮아진다는 것은 무슨 의미인가? 투자자가 해당 자산에서 나오는 현금 흐름이 안정적이라고 생각할수록 요구수익률은 낮아진다. 앞서 이 씨의 요구수익률이 3%로 매우 낮았던 이유가 예금의 이자가 많아서가 아니라 예금이 안정적이라고 믿기 때문이다. 그렇다면 자산의 가격은 현금 흐름이 커지지 않았는데도 현금 흐름이 매우 안정적이라는 믿음이 커지면 얼마든지 올라갈 수 있다는 뜻이다.

이것이 아파트가 상가에 비해서 요구수익률이 낮은 이유다. 상가는 공실 리스크가 있지만 아파트는 공실 리스크가 없다고 사람들이 믿기 때문이다. 그래서 아파트가 상가보다 비싸다. 2015년 이후 아파트 가격이 크게 상승했던 이유도 바로 이것이다. 현금 흐름인 월세가 커지지도 않았는데 서울 지역 아파트에 대한 요구수익률이 더욱 낮아지면서 생긴 결과인 것이다.

실제 서울 지역 아파트 가격에 대입하면 어떨까?

이제 위에서 살펴본 개념을 주택에 대입해서 생각해보자. 주택에서 나오는 현금 흐름은 무엇일까? 바로 그 주택을 임대했을 때 받을 수 있는 임대료, 즉 월세나 전세금이다. 서울의 한 아파트를 예로 들어보자. 참고로 이 아파트는 서울에서 가장 집값이 낮은 지역 중 하나에 위치한다.

전용면적이 80m^2인 이 아파트의 평균 전세금액은 2억 7,000만 원. 현재 전월세 전환율이 시장에서 예금금리보다 2배 이상이므로 6%로 계산하면 현금 흐름은 최대 보증금을 0원이라고 볼 때 월세는 135만 원이다(2억 7,000만 원 × 6% ÷ 12개월, 보유자가 지불해야 하는 보유세는 제외). 이 아파트의 연간 현금 흐름은 다음과 같다.

월세 135만 원 × 12개월 = 연간 1,620만 원

— 부동산 앱 '호갱노노'에서 본 매물 가격

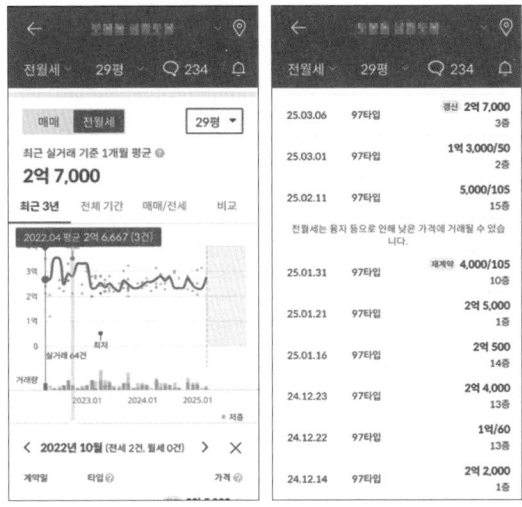

그럼 이제 아파트 가격을 추정해보자. 우선 연간 현금 흐름은 1,620만 원이다. 사람들이 이 아파트에 대해서 생각하는 요구수익률이 얼마인지 알면 집값을 추정할 수 있다. 이 아파트의 요구수익률은 얼마나 될까?

$$\frac{\text{연 1,620만 원}}{\text{요구수익률 R}} = \text{아파트 가격}$$

매년 연간 1,620만 원을 가장 확실하게 받는 방법은 예금이다. 예금의 현재 요구수익률은 2%다. 이 아파트에서 받는 월세와 은행예금 중 미래에 더 확실한 현금 흐름은 어느 쪽일까? 일단 예금이 좀 더 확실하다고 해보자. 그렇다면 이 아파트에서 나오는 월세가 예금보다 불확실성이 높으니 요구수익률은 2%보다는 높을 것이다.

하지만 아무리 예금보다 불확실성이 높다고 해도 서울 지역 아파트라면 공실 리스크는 크지 않다. 아마도 상가의 평균 임대수익률 4%보다는 요구수익률이 낮을 것이다.

2% (은행 예금금리) < R < 4% (상가평균 요구수익률)

중간지점인 3%로 계산해보자.

$$5억\ 4{,}000만\ 원 = \frac{연\ 1{,}620만\ 원}{3\%}$$

주택 가격은 5억 4,000만 원으로 나온다. 실제 최근 실거래가와 현재 나와 있는 주택호가를 확인해보자.

놀랍게도 일치한다. 최근 거래된 주택 가격을 가지고 이 아파트에 대한 시장의 요구수익률을 계산해보면 3%

— 실제 매물 가격

로 나온다. 결론적으로 주택 가격은 그 주택에서 발생하는 전월세금의 크기(연간 현금 흐름)와 그 전월세금의 미래 안정성(요구수익률)에 의해서 결정된다고 볼 수 있다.

2-3

강남 한강뷰 신축,
명품의 또 다른 이름

얼마 전 반포의 한강뷰 신축 아파트(전용면적 84m²)가 70억 원에 거래됐다. 그 이전에는 50억 원대 초반에서 거래되던 아파트였기에 도대체 무슨 일이 생긴 건지 모두가 의아하게 생각했다. 물론 그 아파트의 가격이 전반적으로 상승해 모든 세대가 이 가격에 팔릴 것이라고 보기는 어렵다. 아마도 한강이 보이는 로열층의 특별한 인테리어를 갖춘 특정 세대의 거래 건으로 보인다(조금 더 조사해보니 한강 와이드뷰라고 한다).

아무리 그래도 평당 2억 원이나 하는 30평대 아파트는 언뜻 이해되지 않는다. 요즘 최고의 트렌드가 '얼죽신'이라고는 하지만 당황스럽기 그지없다. 보통 사람이라면 계산기를 꺼내 들고 이 정도 가격이면 취득세가 얼마고 보유세는 얼마나 나올 것인지부터 계산하거나, 도대체 주택 가격이 1년에 몇 퍼센트나 올라야 손해가 없을지를 따지고 있을지도 모른다.

하지만 필자는 그런 계산은 아무런 의미가 없다고 생각한다. 그 집주인은 자산이 아니라 사치재를 산 것이기 때문이다. 강남, 신축, 한강뷰라는 '프리미엄 트리플 콤보'가 조합된 사치재. 주거와 자산이 결합된 하이브리드형 투자 자산이 아파트인데 그냥 돈을 주고 사치재로서 샀다. 마치 미술품을 구매하는 것 같다. 이제 강남의 신축 한강뷰 아파트는 빈센트 반 고흐의 그림이 됐다.

수억 원짜리 슈퍼카를 사거나 수천만 원짜리 명품 가방을 사는 사람에게 수익률 계산은 아무런 의미가 없다. '영끌'을 해야 집을 살까 말까 하는 사람들과 아파트를 사치재처럼 사들이는 사람들이 생겨나는 한 초양극화는 피할 수 없을 것이다. 이런 현상의 진행 배경을 좀더 자세하게 들여다보자.

앞서 주택 가격을 결정하는 2가지 ① 현금 흐름과 ② 요구수익률이란 것을 살펴보았다. 이 중에서 현금 흐름에 대해 좀 더 살펴보자. 주택의 현금 흐름이란 주택을 빌려 쓸 때 내는 사용료인 '월세 가격'을 말한다. 결국 월세가 높다는 것은 그만큼 사용가치가 높다는 것을 뜻한다. 자본주의 시장에서 모든 가격은 수요와 공급에 의해서 영향을 받는다. 월세도 마찬가지다. 그곳에 살겠다고 하는 사람이 많으면(수요 상승) 당연히 월세는 오른다. 그곳에 살겠다는 사람이 적으면(수요 하락) 월세는 내려간다. 그렇다면 월세는 오로지 수요와 공급에 의해서만 영향을 받는 것일까?

결론부터 말하자면 그렇지 않다. 가격이 꼭 수요와 공급에 의해서만 결정되지 않기 때문이다. 예를 통해 알아보자. 1980년대 중반에 짜장면 한 그릇의 가격은 500원 정도였다. 2025년에 짜장면 한 그릇의 가격은 평균 7,500원이다. 45년 전보다 15배가량 비싸진 것이다. 짜장면 가격이 올라간 이유는 무엇일까? 45년 전에 비해서 짜장면을 먹겠다는 수요가 15배나 늘어난 것일까? 그렇지 않다. 그보다는 짜장면을 사 먹는 사람들의 소득이 증가해서다.

1980년대 짜장면을 즐겨 먹는 사람들의 월급은 약 20만 원이었는데 지금 짜장면을 사 먹는 사람들의 월급은 평균 360만 원이 됐다. 소득이 18배가량 늘어나니 짜장면 가격이 15배가 됐다는 결론인 것이다. 이처럼 장시간에 걸쳐서 변하는 가격에는 수요와 공급 외에도 그것을 사려는 사람들의 소득이 큰 영향을 미친다. 그렇다면 앞으로 짜장면 가격은 올라갈까? 분명 오를 것이다. 자연적인 인플레이션(물가 상승)과 더불어 평균소득이 조금씩 올라가기 때문이다.

외식 메뉴 중에 짜장면만 있는 것은 아니다. 스테이크 가격은 어떨까? 스테이크는 많은 사람이 좋아하지만 자주 먹기에는 가격이 부담스러운 음식이다. 결국 일반 서민보다는 소득이 높은 사람들이 좀 더 자주 먹을 것이다. 그래서 그런지 스테이크 가격의 변천사를 주변에서 귀동냥으로 듣기가 쉽지 않다. 하지만 이 역시 그동안 가격이 많이 올랐을 것이다.

결론적으로 말하자면 짜장면도 스테이크도 앞으로 시간이 지나면 가격은 계속 오를 것이다. 그렇다면 짜장면과 스테이크 중에서 어떤 것의 가격이 더 빨리 올라갈까? 이것은 "짜장면을 즐겨 먹는 사람들의 소득과 스테이크를 즐겨 먹는 사람들의 소득 중에서 어느 쪽이 빨리 올라갈까?"라는 물음과 크게 다르지 않다.

주택 가격의 결정요인인 사용가치에 가장 큰 영향을 미치는 것은 거주자의 소득일 수 있다. 거주자의 소득을 통해 지금의 주택 가격과 앞으로의 주택 가격의 방향을 생각해보자. 가계소득의 지표로 사용되는 5분위 소득이라는 것이 있다. 이것은 우리나라 전 국민의 소득을 5구간으로 나눠 분류한 소득 계층별 분류다. 5분위는 소득 최상위 20%, 4분위는 소득 상위 21~40%, 3분위는 소득 상위 41~60%, 2분위는 하위 61~80%, 1분위는 소득 하위 20%를 나타낸다.

통계청이 발표한 〈2024년 4분기 가계동향조사(소득 부문) 결과〉에 따르면 소득 1분위 가구 소득은 121만 3,000원으로 전년(117만 8,000원)보다 3.8% 증가했다. 5분위 가구 총소득은 전년 대비 3.7% 증가했지만 금액 차이가 여전히 10배 정도로 점점 양극화가 진행되는 모양이다. 국가별 소득불평등의 수준을 보여주는 지니계수 개선률 순위에서도 우리나라는 최하위 수준이다. 소득 구간 하위 소득자에게 소득을 대체할 만한 금전적인 복지정책이 집중되고 있는 상황에서 나온 통계이기에 더 놀라움을 주고 있다.

이런 수치가 하루아침에 급격히 개선되기는 사실상 불가능하다. 이런 격차는 오랫동안 꾸준히 진행돼온 것이기 때문이다. 1980년대와 1990년대에 빠른 경제성장으로 발전을 거듭해온 한

2024년 4/4분기 소득 5분위별 가구당 월평균 소득(단위: 천 원·%)

구분	전체		1분위		2분위		3분위		4분위		5분위	
가구원수	2.26명		1.35명		1.68명		2.26명		2.83명		3.17명	
가구주 연령	52.9세		60.9세		53.1세		50.1세		49.7세		50.9세	
	금액	증감률	금액	증감률	금액	증감률	금액	증감률	금액	증감률	금액	증감률
소득	5,215	2.2	1,213	3.0	2,910	4.4	4,406	4.4	6,342	3.6	11,199	3.7
경상소득	5,104	2.0	1,201	2.8	2,874	3.9	4,369	4.5	6,286	3.9	10,785	3.2
근로소득	3,241	0.7	295	-4.3	1,677	1.7	2,796	7.8	4,184	3.0	7,249	0.5
사업소득	1,091	3.8	140	-7.9	475	-0.3	879	3.7	1,330	2.4	2,631	9.8
재산소득	62	18.1	14	25.8	36	46.7	43	4.3	57	32.5	161	15.5
이전소득	709	4.0	752	7.8	686	11.4	651	-7.0	715	10.6	743	6.4
비경상소득	111	10.4	13	27.0	36	77.0	37	-8.2	56	-18.1	414	16.2
비소비지출	1,008	1.2	177	-5.6	443	0.4	891	14.6	1,238	4.3	2,288	-0.8
처분가능소득	4,207	2.4	1,037	4.6	2,467	5.2	3,515	2.0	5,104	3.5	8,912	4.9

증감률은 전년 동분기 대비 증감률

국 경제는 어쩔 수 없이 여러 가지 부작용을 만들어냈다. 대표적인 것 중 하나가 빈부격차의 확대, 바로 소득의 양극화다.

소득의 양극화는 곧 자산의 양극화를 낳았다. 주택만을 놓고 본다면 모든 주택이 물가상승률에 따라서 오른 것처럼 보이지만 그 속내를 들여다보면 고소득자가 사는 집은 빠르게 올라간 반면 저소득자가 사는 집은 그 상승률에 크게 미치지 못했다. 그 이유는 소득이 높을수록 한계소비성향이 낮아지기 때문이다.

돈을 많이 버는 사람일수록 새롭게 버는 돈을 모두 소비하기 어렵다. 월 100만 원을 버는 사람은 소득이 10% 늘어나면 그 10만 원을 거의 다 소비하겠지만 1,000만 원을 버는 사람은 소득이 10% 늘어나면 그 100만 원을 곧바로 전부 소비하지는 못한다. 다 쓰지 못한 돈이 쌓여서 자산에 투자되고 자산이 늘어나는 결과를 가져온다.

내 아파트는 언제 오를까?: 실제 사례

김진흠 씨(51세 기혼, H 중공업 부장)는 고향은 서울이지만 울산에 있는 중공업계열 대기업에 입사해 현장에서 근무하며 22년째 울산에서만 생활하고 있다. 입사하자마자 결혼하고 아이 둘도 모두 울산에서 낳고 키우다 보니 이젠 울산이 제2의 고향이나 다름없다고 한다. 그는 지방이라고는 하지만 광역시 정도의 도시면 서울에 비해 부러울 게 하나 없는, 그야말로 딱 살기 좋은 곳이라고 열변을 토한다. 그런 김 차장은 몇 년 전 동기 모임에 갔다가 서울에서 근무하는 입사 동기의 이야기를 듣고 깜짝 놀랐다.

"그 친구는 저랑 나이와 입사 시기가 같고 아이가 둘인 것까지 똑같은데, 글쎄 보유한 아파트 가격이 20억 원이라고 하네요."

김 차장은 놀라움을 금치 못했고 동기의 이야기를 듣는 내내 부러운 표정을 감추느라 애를 먹기까지 했다고 한다. "똑같은 월급을 받아서 생활했는데 어떻게 이렇게 차이가 나지? 허허… 참."

그 웃음에는 약간의 허탈함이 배어 있었다. 지방 도시와 서울 집값의 격차는 상상 이상으로 빨리 벌어진다는 느낌을 지울 수 없었다고 한다.

물론 결과론적인 이야기겠지만 서울에 사는 사람은 자연히 '똘똘한 한 채'에 올인할 수밖에 없다. 대기업이라면 당연히 직장인 중에서는 소득이 높고 자녀를 키울 때 남들보다 교육환경에 더 집중하는 편이다. 교육환경에 집중한다면 결국 집의 크기보다는 더 나은 프리미엄 지역, 본인의 소득 수준보다는 훨씬 더 높은 소득자들이 거주하는 곳에 진입하려는 경향이 강하다.

반면 지방에 거주하는 대기업 직장인은 서울에 비해 아주 싼 집값과 물가 덕분에 생활이 여유로워진다. 그래서 서울에 거주하는 비슷한 소득을 올리는 사람들보다 좋은 차를 타거나 레저와 여가에 더 많은 시간과 돈을 투자하는 것이 자연스러운 라이프스타일이 된다. 김 차장은 필자의 예측을 듣고는 "정말 그렇습니다. 매우 정확한 지적입니다"라는 답변을 내놓았다. 본인의 생활도 크게 다르지 않았음을 시인하는 말이다. 그러면서 대뜸 필자에게 이런 질문을 던졌다.

"서울 지역 아파트는 34평의 경우 강남이 아니라도 웬만하면 10억 원이 넘는데, 우리 아파트는 언제쯤 10억 원이 넘어갈까요?"

이 흥미로운 질문에 어떤 답변을 해주는 것이 좋을까? 아파트 가격이 거주민의 소득과 밀접한 관련이 있다는 점을 감안해 김 차장

I 아파트의 전세와 실거래가

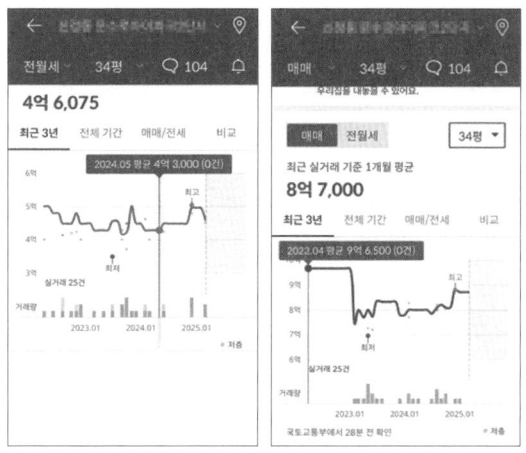

의 아파트가 언제쯤 10억 원이 될 수 있을지 추정해보기로 했다. 김 차장이 사는 아파트(I 아파트)의 실거래가를 확인해보았다.

김 차장이 소개한 I 아파트의 평균적인 연간 현금 흐름은 다음과 같다. 전세금 4억 6,000만 원, 월세 평균 가격은 보증금 5,000만 원에 월 170만 원 수준이다.

보증금 5,000만 원 × 은행이자 세후 2.5% = 연간 125만 원

월세 170만 원 × 12개월 = 연간 2,040만 원

→ 연간 현금 흐름: 2,165만 원

가장 최근의 실거래가가 8억 7,000만 원이므로 I 아파트는 명목수익률이 약 2.48%다. 아파트는 거래비용이 있고 취득세를 내

야 하며 보유세가 안전자산인 예금에 비해 변동성이 커서 최소한 요구되는 수익률은 세후 이자율인 2.5%의 2배인 5%는 돼야 한다. 그런데도 2.48%로 낮다는 것은 I 아파트를 사는 시장의 투자자들이 이 아파트가 앞으로 최소 2.52%(5%-2.48%) 정도는 올라갈 것으로 기대하고 이 가격에 산다는 의미다.

$$8억\,7{,}000만\,원 = \frac{연\,2{,}165만\,원}{2.48\%}$$

그렇다면 I 아파트에는 주로 어떤 사람이 거주할까? 집에 대한 정보로 이 아파트에 거주하는 평균적인 주민의 모습을 추정해보자.

I 아파트 112m^2(34평) 거주민의 평균적인 모습
① 자녀가 있는 기혼자
② 중견기업 이상의 직장인
③ 가구소득이 최소 1,000만 원 이상인 사람

면적이 112m^2로 2000년대 이후에 지어졌으니 방 3개에 화장실이 2개다. 이 정도면 결혼해서 자녀가 있는 가구가 거주하는 것이 일반적이다. 또 울산에서 이 정도의 주거비용(무주택인 경우 이 집에 내야 하는 월세)을 부담하려면 중견기업 이상의 직장인이 일반적일 것이다. 마지막으로 가구소득이 최소 1,000만 원에 가까울 것

이다. 왜냐하면 가구소득에서 월세로 지출할 수 있는 최대금액은 분명히 저항선이 있기 때문이다. 여러 가지 이유로 월세를 많이 부담한다고 해도 보통 소득의 15~20% 이상은 월세로 지출하지 않는다. 이렇게 정리해보니 결국 김 차장의 모습이 그대로 나온 듯하다.

 결국 이런 가구 수의 증가와 감소가 이 아파트의 가격에 영향을 줄 수 있다. 아울러 이 아파트 거주민의 월평균소득이 지금보다 30% 정도 늘어났다고 가정해보자. 월평균소득은 1,300만 원이 됐고 올라간 소득만큼 더 좋은 곳으로 이사하고 싶어졌다. 만일 소득이 늘어났는데도 여전히 이 아파트에 살고 싶어 한다면 어떨까? 월세 저항선을 15%로 잡을 경우 소득이 1,000만 원일 때는 월세를 150만 원 정도 낼 수 있었는데 이제는 소득이 1,300만 원이므로 월세로 15%인 195만 원을 지출할 여력이 생긴 셈이다.

보증금 5,000만 원 × 은행이자 2.5% = 연간 125만 원

증가한 월세 여력 195만 원 × 12개월 = 연간 2,340만 원

→ 연간 현금 흐름: 2,465만 원

 이제 아파트의 연간 현금 흐름이 2,465만 원이 됐고 지금과 같이 요구수익률이 2.48% 수준이라면 이 아파트는 비로소 10억 원에 가까워진다.

$$9억\ 9{,}400만\ 원 = \frac{연\ 2{,}465만\ 원}{2.48\%}$$

"이 아파트가 언제쯤 10억 원을 넘어갈까요?"라는 김 차장의 물음에 답을 내놓자면 이렇다. 지금보다 예금금리가 더 떨어져서 아파트에 대한 최소요구수익률이 지금보다 더 떨어지는 경우가 아니라면 이 아파트 가구들의 평균소득이 지금보다 20~30% 정도 늘어나는 시점이 이 아파트가 10억 원을 넘는 시점이 된다.

주택 가격은 거주자의 소득과 밀접한 관련이 있다는 점을 기억해야 한다. 주택 가격을 예상할 때 이제부터는 거주자 소득의 관점에서 보도록 하자.

> **주택 가격 상승의 원리**
> - 주택 가격: 거주자가 부담할 수 있는 월세 가격에 좌우됨
> - 주택 가격 상승률: 거주자 소득상승률과 일치

2-4
초고가 아파트는 '보장된 맛집'이다

대한민국의 맛집 열풍이 꽤 오래전부터 하나의 문화가 됐다. 맛집을 찾아 나서는 사람들은 단 한 끼의 식사에도 메뉴를 대충 고르는 법이 없다. 여러 채널을 통해 검증된 맛집을 엄선하는데 과거에 비해 맛집을 찾는 데 많은 노력을 기울이고 진짜 맛집이라면 돈을 쓰는 데 인색하지 않다. 누구나 한 번쯤은 우연히 간 식당에서 형편없는 음식 맛 때문에 외식을 망친 경험이 있을 것이다. 사람들은 이런 리스크를 피하고 싶어 한다. 소중한 시간을 한 번이라도 망치고 싶지 않은 것이다. 대중은 확실한 맛이 보장된다면 기꺼이 큰 대가를 치를 용의가 있다.

이 말은 결국 맛집에 대한 사람들의 명목수익률이 의외로 낮음을 보여준다. 명목수익률이 낮다는 말은 당장은 돈과 시간을 들이는 것에 비해 효과가 별로 없다는 의미다. 밥 한 끼 먹자고 줄을 늘어서는 행동은 그다지 효율적이지 않다. 그러나 명목수익률이 낮다는 것은 그 안에 미래에 기대하는 수익률이, 곧 음식을 먹으며 즐거워할 시간에 대한 기대가 그만큼 높다는 의미다. 따라서 미래에 주어질 즐거움의 보상에 비해서 지금 많은 대가를 지불할 용의가 있다는 뜻이다.

사실 맛집이라고 소문난 집도 기대에 못 미치는 경우가 있다. 하지만 기대치를 조금 낮추면 적어도 외식을 망칠 정도의 형편없는 수준은 아니다. 다시 말해 평균 이상은 보증된다는 것이다. 맛의 절대 크기가 크다는 것이 아니라 맛의 안정성(불변성)이 높다는 뜻이기도 하다. 결국 맛집을 찾는 이유는 최악의 경우는 모면할 수 있기 때문이다. 맛집은 마치 안전자산과 같다. 그래서 사실 맛집은 맛에 비해서 항상 음식값이 비싸다.

> **안정성과 명목수익률의 관계**
> - 안정성 ▲ → 명목수익률 ▼ (기대치 높음)
> - 안정성 ▼ → 명목수익률 ▲ (기대치 낮음)

그럼에도 맛이 안정적이라면 음식 가격이 비싸더라도 사람들은 기꺼이 그 가격을 지불한다. 이런 현상을 아파트 가격에 적용해보자. 마찬가지로 자산에서 나오는 현금 흐름의 크기가 크지 않더라도 안정적이라면 아파트 가격이 비싸더라도 사람들은 기꺼이 그 가격을 지불한다. 여기서 현금 흐름이 안정적인 아파트란 당장 가격 대비 높은 수익률은 아니더라도 그 현금 흐름이 절대 변함없을 것으로 예상되는 아파트를 말한다. 결국 특정 식당에만 사람이 몰리는 맛집 열풍과 같은 현상이 아파트 시장에도 나타나 초고가 아파트를 탄생시키고 있는 것이다.

2019년에는 서울에 평당(3.3m²) 가격이 1억 원이 넘는 아파트가 출현했다. 그리고 5년 정도가 지나 서울 강남에 한강이 내려다보이는 A 아파트가 평당 1억 5,000만 원이 넘는 가격에 거래됐다. 평균 실거래가는 53억 원대(2025년 3월)이고 평균 전세가는 23억 원, 최고 월세는 보증금 4억 원에 660만 원(2024년 12월)이다. A 아파트의 연간 현금 흐름은 아래와 같다.

보증금 4억 원 × 은행이자 2.5% = 연 1,000만 원

월세 660만 원 × 12개월 = 연 7,920만 원

→ 연간 현금 흐름: 8,920만 원

그렇다면 이 아파트의 당장의 명목수익률은 8,920만 원 ÷ 53억 원 = 1.68%다. 보증금 4억 원과 월 660만 원의 월세를 받으면 연간 현금 흐름은 8,920만 원이다. 사람들은 연간 8,920만 원이 나오는 자산을 53억 원에 사고 있다는 뜻이다.

$$53억\ 원 = \frac{연\ 8{,}920만\ 원}{1.68\%}$$

이 정도의 명목수익률이라면 은행 예금금리보다도 수익률이 떨어지는 셈이다. 예금금리는 변동성이 없는 안전자산risk free asset으로 여겨지는데 현재 아파트의 변동성이 은행금리와 거의 같은 수준이거나 어쩌면 더 높다고 평가하는 것일 수도 있다.

주택은 최소 예금이자율의 2배인 5% 정도의 명목수익률이 나와야만 한다. 살 때 취득세도 내고 보유세도 내기 때문이다. 그런데 A 아파트의 경우 왜 수익률이 1.68%로 낮은데도 사는 것일까? 여기에는 숨겨진 의미가 2가지 있다.

첫째, 주택은 자산이기 이전에 내가 사는 주거지이자 주거환경이기 때문이다. 반드시 수익률의 잣대로만 보기 어려운 측면이 있다. 둘째, 당장은 이렇게 낮은 명목수익률을 감수하는 것은 장기적으로 높은 수익률을 기대한다는 의미다. 즉 수익률이 5%는 돼야 하는데 지금 당장 1.68%밖에 안 된다고 해도 결국 그 차이인 3.23% 정도는 평균적으로 올라서 반드시 메워질 것이라는 기대가 숨어 있는 것이다. 결국 A 아파트에 대한 시장의 기댓값은 연간 3.23%인 셈이다.

예를 들어 예금금리가 더 떨어져 이자가 줄어들지언정 대한민국 최고 부자들이 모여 있는 곳의 아파트 월세는 떨어지지 않을 것이라고 생각한다. 심지어 이런 곳이라면 월세가 더 오를 수도 있다고 생각한다. 대중이 특별히 이런 아파트를 더 선호한다면 명목수익률이 은행예금이자율보다 더 낮아질 수도 있다. 대한민국 최고의 아파트라면 세상 어떤 일이 일어나도 공실은 생기지 않는 것은 물론이고 앞으로 연간 현금 흐름이 성장한다는 기대가 있기 때문이다. 이것이 성장률(g)이다.

성장률이 높다면 당장의 명목수익률은 낮아진다. 미래 현금 흐름이 성장한다면 당장의 주택 가격이 비싸더라도(=명목수익률이 낮더라도) 기꺼이 사려고 한다. 이것이 바로 최상위 지역이 갖는 프리미엄, 기대가치다(95페이지에 언급한 주택 가격의 가치 참조). 아파트 월세 성장률이 높을 때 명목수익률이 극도로 낮아져 은행 예금금리보다도 더 낮아지는 현상에 대한 경제학적인 이론 배경은 이번 장 끝에서 확인해보길 바란다.

글로벌 저성장이 계속되는 요즘, 투자자의 명목수익률이 예금금리보다 낮은 자산은 강남 지역 아파트뿐만이 아니다. 미국 시장을 장악하고 있는 인터넷 유통 분야의 거대 기업 아마존의 주가를 보자. 아마존은 1995년 창립 이래 인터넷서점을 시작으로 인터넷을 기반으로 한 유통과 서비스 분야에서 공격적으로 사업을 확장하며 세계 최대의 글로벌 기업으로 성장했다. 특히 4차 산업혁명시대의 핵심인 인공지능, 사물인터넷, 빅데이터를 가장 먼저 상업화할 수 있는 최대 기반을 갖춘 기업으로 평가되며 주가는 그야말로 거침없이 상승세를 이어왔다.

아마존은 불확실한 투자시장에서 미래에도 반드시 살아남는 유일한 안전자산으로 인식되고 있다. 안전자산이라고 판단되면 사람들이 얼마나 큰 대가를 치르더라도 그것을 가지려고 하는지, 또 요구수익률이 얼마나 낮아질 수 있는지를 아마존의 비싼 주가

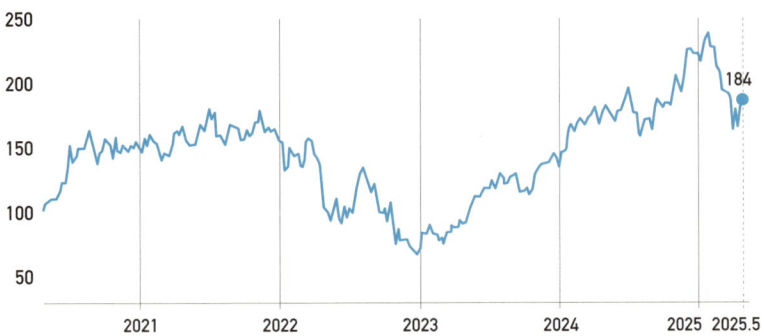

아마존 주가(단위: 달러)

가 잘 말해준다.

아마존의 2025년 5월 주가는 184달러다. 한화로 1주가 약 26만 원에 달한다(주가가 2,000달러를 넘던 때도 있었으나 2022년에 20대 1로 주식을 분할했다). 현재 아마존은 배당이 거의 없는 주식이므로 따박따박 나오는 현금 흐름은 기대할 수 없다. 대신 매년 1주당 얼마나 수익이 발생하는지를 알 수 있는 지표인 주당순이익EPS: earning per share을 통해 이 주식의 현금 흐름을 확인해보자. 2024년 아마존의 주당 순이익은 5.53달러다. 1년에 1주가 5.53달러를 벌어들였다는 뜻이다. 평균 종가는 약 184달러였다. 그렇다면 투자자의 입장에서 184달러를 투자해 5.53달러의 수익을 올리는 셈이니 명목수익률은 3%다.

$$184달러 = \frac{연\ 5.53달러}{3\%}$$

현재 가장 안전하다는 금리 수준 그러니까 미국 기준금리인 4.5%의 3분의 2 수준밖에 되지 않는 낮은 명목수익률이다. 하지만 앞서 설명한 대로 명목수익률 자체인 3%가 아니라 미래에 가져다줄 기대수익률을 고려해야 한다. 이처럼 안전자산으로의 쏠림 현상은 상상을 초월할 정도로 빠르게 진행되고 있으며 안전자산이라고 사람들에게 인정받으면 그 가격은 끝을 모르고 올라간다.

> **더 알아보기:**
> **성장이 기대되는 자산의 명목수익률이**
> **예금금리보다 낮아질 수 있는 이유**
>
> 아파트에서 나오는 현금 흐름의 성장률(기대가치)이 높아지면 왜 아파트 가격을 올리는지 이론적으로 검증해보자.
>
> 아파트 가격은 결국 미래 현금 흐름(월세)을 현재가치로 평가한 금액이다. 아파트 가격은 연간 현금 흐름의 크기와 요구수익률에 따라서 달라진다. 하지만 현금 흐름인 월세는 고정된 값이 아니다. 즉 올라갈 수도 있고 내려갈 수도 있다. 따라서 대중이 월세의 성장률을 어떻게 평가하는가가 지금 아파트 가격에 큰 영향을 준다. 이 내용을 수식으로 표현하면 다음과 같다.
>
> *P = 현재 아파트 가격, CF_0 현재 연 월세, CF_t = t 기간의 연 월세, R = 연 요구수익률, g = 연 성장률
>
> $$P_0 = \frac{CF_0 \times (1+g)}{(1+R)} + \frac{CF_0 \times (1+g)^2}{(1+R)^2} + \frac{CF_0 \times (1+g)^3}{(1+R)^3} \cdots \frac{CF_0 \times (1+g)^\infty}{(1+R)^\infty}$$
>
> 식을 풀어보면 다음과 같다.

기간 1의 연간 월세(CF_1)는 현재의 연간 월세(CF_0)에 성장률(g)을 곱해서 얻어진다. 예를 들어 연간 월세가 1,000만 원이고 성장률이 2%라면 기간 1의 연간 월세는 1,000만 원 × (1+0.02) = 1,020만 원이 된다. 이런 식으로 보면 결국 기간 t의 연간 월세는 $CF_t = CF_0(1+g)^t$다. 이때 t가 무한대로 가면 무한등비수열이 되는데 간단하게 풀어서 정리하면 결론식은 기간 1의 현금 흐름을 요구수익률에서 성장률을 뺀 수로 나눈 값이라고 할 수 있다.

$$결론식: P_0 = \frac{CF_1}{R-g}$$

* 아파트 가격은 연 현금 흐름을 요구수익률에서 성장률을 뺀 수로 나눈 값

아파트 가격(P_0)이 올라가려면 연간 월세(CF_1)가 커지거나 R−g 값이 작아져야 한다. 사람들이 생각하는 안전자산인 초고가 아파트는 시장의 모든 투자자가 생각하는 R값(연 요구수익률)이 같다고 하더라도 결국 g값(연 성장률)이 큰 자산을 말한다. 월세가 절대 줄지 않고 미래에 계속 늘어날 것이라고 생각한다는 뜻이다. 따라서 요구수익률이 비슷하더라도 대중이 앞으로 초고가 아파트라면 연간 월세의 성장률이 높을 것이라고 확신하는 바람에 g값이 높아지고 R−g 값이 매우 작아져 현재 자산가격(P_0)을 매우 높게 만드는 것이다.

2-5
미들 리스크와 미들 리턴이 사라지는 시대

1990년대 이후 직장을 퇴직한 60대들 사이에서 창업 붐이 크게 일어났다. 얼마 안 되는 퇴직금에 자꾸만 낮아지는 금리로는 노후 생활비를 충당하기엔 턱없이 부족한 데다 충분히 일할 수 있는 나이에 마냥 쉴 수만은 없었기 때문이다.

창업으로 성공하기는 쉽지 않지만 그나마 특별한 기술이 없이도 상대적으로 안정적인 수익이 가능한 아이템으로 각광받았던 것이 바로 프랜차이즈 치킨 전문점이었다. 창업 붐을 타고 전국의 치킨 전문점은 기하급수적으로 늘어났다. 통계청 사업조사 자료에 따르면 전국의 치킨 전문점은 2022년 말 현재 2만 8,891개지만 한때 3만 개를 돌파한 적도 있었다(2012년). 상황이 이렇다 보니 한때는 "어느 직장을 다니든 무슨 일을 하든 은퇴 후 결론은 다 치킨집이다"라는 웃픈 농담이 유행하기도 했다.

하지만 이런 이야기도 이젠 옛말이 됐다. 요즘 퇴직을 앞둔 배우자를 보면 제발 '퇴직 후 아무 일도 안 벌였으면 좋겠다'고 생각하곤 한다고 한다. 지금은 어떤 사업을 하든 몇 년을 버티지 못하고 그나마 있던 퇴직금마저 까먹기 일쑤이니 차라리 아무것도 하지 않고 퇴직금을 은행에 넣어두고 곶감 빼먹듯 돈을 뽑아 쓰는 편이 낫다고 생각하는 것이다. 당장 불안한 경제 상황에 새로운 사업은 절대 벌이지 않겠다는 뜻이다.

사실 이 이야기가 바로 우리가 처한 경제적 어려움을 그대로 드러낸 단적인 예다. 퇴직금에 은행 대출을 보태 가게를 차린다는 것은 사실 리스크가 아주 큰 투자는 아니다. 과거 같으면 이 정도 투자는 엄청난 수익을 올리지는 않지만 그래도 본인 인건비 정도는 뽑을 수 있는 그야말로 '미들 리스크-미들 리턴'을 추구하는 일이었기 때문이다. 그런데 우리 사회가 언젠가부터 이 정도의 투자도 매우 꺼리는 투자 기피 시대가 된 것이다.

사실 이처럼 적당한 리스크를 감수하고 적당한 수익을 올리려는 사람이 늘어나야만 경제가 돌아간다. 예컨대 이런 치킨 전문점 하나가 오픈하면 일단 임대업자는 공실이 사라져 임대소득을 얻고 치킨과 관련된 여러 재료상은 매출이 발생하며 간판과 인테리어업체 등도 돈을 번다. 적어도 2~3명의 새로운 고용이 창출되기도 한다. 엄청난 경제 효과가 일어나는 것이다.

이런 미들 리스크-미들 리턴조차 감행하지 않으려고 하는 상황이니 경제가 어려워지는 것은 당연하다. 대신 앞서 언급한 대로 당장은 매우 적은 수익을 올리더라도 안전자산만을 선호하는 세상이 됐다. 아주 적은 수익이라도 수익이 확실하다면 장기수익률은 높은 편이기 때문이다.

전통적으로 안전자산이라고 여겨지는 금값은 얼마 전 최고가를 경신했다. 2008년 금융위기 때와 코로나19 팬데믹 때 천문학적인 달러가 시장에 풀렸음에도 불구하고 오랜 기간 달러가치가 크게 떨어지지 않는 것도 바로 이 안전자산으로의 쏠림 현상을 그대로 보여주는 증거다.

반면 큰돈을 안전자산에 넣고 마냥 기다릴 수 없는 사람도 있다. 이런 사람은 미들 리스크-미들 리턴 대신 모 아니면 도 식의 '하이 리스크-하이 리턴' 투자에 몰두하는 현상도 나타난다. 한때 '묻지마 투자' '깜깜이 투자'로 여겨졌던 가상화폐는 가격이 폭락하기도 했지만 비트코인의 경우 요즘 들어 최고가를 경신하며 다시금 돈이 몰리는 분위기다. 비트코인의 가격은 한때 1억 6,000만 원에 이른 적이 있으며 지금도 과거에는 상상하기 어려운 가격인 10만 달러 선을 유지하고 있다. 이렇게 중간은 없어지고 리스크에서도 양극단만 존재하는 시대가 되고 있는 것이다.

그렇다면 이런 현상은 왜 일어나는 것이며 또 우리 경제에서 얼마나 지속될 것인가? 생각해보자. 경제가 어려워지면 상가나 빌딩은 공실이 생겨 월세가 끊길 우려가 있다. 반면 그에 비해서 사람이 사는 주택은 공실이 생길 일이 거의 없다. 특히 모든 사람이 살고 싶어 하는 좋은 주거지는 더욱 그럴 것이다. 근래에 있었던 서울, 그중에서도 강남권 아파트 가격의 폭등은 이런 맥락에서 이해해야 한다.

이러한 트렌드를 이해한다면, 현명한 투자자는 당분간 안전자산(당장은 명목수익률이 낮은 자산)에 자금을 집중하며 기다리는 게 바람직하다. 기본 경제 원리 가운데 '리스크와 수익의 상충관계risk return trade off'라는 게 있다. 리스크가 높으면 보상이 높고 리스크를 낮추면 보상이 적어진다는 뜻이다. 경제 고속 성장기에는 리스크가 높아도 보상이 높은 자산을 택해야 돈을 벌 수 있다. 하지만 지금같이 극도의 저성장기엔 반대로 보상이 적더라도 리스크가 낮은 자산에 집중해야 한다.

예를 들어보자. 여기 수익이 월 100만 원인 4가지 자산이 있다.

① H 전자 주식 2,424주, 시가 1억 4,544만 원 상당(주당 순이익 1년 4,950원, 매년 1,200만 원의 수익: 주당 순이익이 모두 배당이라고 가정할 시)
② 임대료가 월 100만 원인 시가 3억 1,150만 원 상가
③ 보증금 1억 5,000만 원에 월세 70만 원인 시가 4억 3,750만 원 아파트
④ 은행 정기예금 4억 8,000만 원(금리 연 2.5%, 1년 이자는 1,200만 원)

위의 4가지 자산은 모두 수익이 월평균 100만 원씩 발생하는 자산인데 가격은 왜 이렇게 천차만별일까? 경제가 5% 이상 성장하고 경기가 좋으면 사람들은 월 100만 원의 수익을 위해서 ① 또는 ②의 방법을 선호할 것이다. 즉 적은 돈으로 높은 수익을 올

리려고 한다(명목수익률이 높다). 하지만 초저성장 시대에는 ③ 또는 ④와 같은 방법을 선호한다. 그래서 그동안 ③, ④를 가진 사람이 유리해지는 국면이었다.

앞으로 당분간은 자산 중 명목수익률이 낮은 자산에 머무는 투자 전략이 필요하다. 특히 부동산 쪽에서 마지막까지 손에 쥐고 있어야 할 자산은 주택이다. 그래서 바로 똘똘한 한 채가 답이 되는 것이다. 개별 물건에 따라서 달라질 수 있지만 일반적으로 부동산 명목수익률은 토지, 상가건물, 주거용 오피스텔, 아파트 순이다.

요즘 투자시장에서 절대 하면 안 되는 말이 '바닥'이다. 과거에는 주식이든 부동산이든 가격이 급락할 때 바닥이라고 불리는 그 나름의 지지선이 존재했다. 시장에서 이 정도 떨어졌으면 이제 정말로 바닥이라는 암묵적 공감대가 형성됐다. 그쯤 되면 매수하려는 사람이 생겨나며 자연스레 반등의 계기를 만드는 일이 반복되곤 했다.

하지만 요즘은 그렇지 않다. '떨어지는 것에는 날개가 없다'라

― **자산 종류별 리스크와 전망**

자산 종류	투자금	리스크	명목수익률
① H 전자 주식	1억 4544만 원	높음	8.2%
② 상가건물	3억 1,150만 원	약간 있음	3.85%
③ 아파트	4억 3,750만 원	적음	2.74%
④ 은행예금	4억 8,000만 원	거의 없음	2.5%

는 말처럼 과거 바닥이라고 여겨졌던 그 바닥을 뚫고 내려가 지하 세계까지 도달하는 일이 비일비재하다.

이제 '꼭대기'라는 말도 쉽게 하면 안 된다. 희한하게도 가격이 너무 올랐다 싶은 자산이 천장을 뚫어버리듯 더 높이 올라가는 일이 많다. 과거에는 너무 떨어진 것은 바닥에서 반등하고, 너무 오른 것은 꼭대기를 찍고 내려왔다. 그 과정에서 시장이 서로 보조를 맞춰갔다. 이제는 그런 일이 드물다.

과거 인터넷에서 부동산 칼럼을 본 일이 있다. "소형 아파트 지고 대형 아파트 뜬다"라는 기사였다. 그 칼럼의 결론은 뚜렷한 논거를 대지 않고 '상반기에 25~30평대 아파트 상승률이 너무 높았으니 앞으로는 상승률이 낮았던 대형 평형이 상승할 확률이 높다'고 주장했다. 이런 식의 단순 논리는 재테크 시장에서 더는 통하지 않는다. 필자는 오히려 지금의 초저성장 상황에서는 당분간 지금까지 상승률이 높았던 자산이 다른 자산에 비해 상대가치가 더 좋을 것이라고 확언한다. 이것은 앞서 설명한 안전자산에 대한 선호와 밀접한 관계가 있다.

시장에서 안전자산으로 분류되면 가격이 끝없이 오르고 안전성이 약간이라도 의심되면 끝 모를 가격 추락이 반복될 것이다. 시장의 자산 가격이 이제 더는 보조를 맞추지 않는다는 이야기다. 시쳇말로 '되는 놈만 된다'라는 말이 딱 맞아떨어지는 모양새다. 우리는 지금 미들 리스크-미들 리턴이 완전히 사라지는 시대를 살고 있다.

2-6 지역마다 가격 상승률이 다른 이유

지난 10년간 자칭 부동산 전문가라고 하는 사람들이 유튜브 등을 통해 한국 경제가 어려우니 앞으로 부동산은 침체기에 들어선다며 폭락론을 주장했다. 심지어 부동산 가격이 너무 높으니 가격을 낮춰야 하는데 앞으로 최악의 경기침체가 온다면 집값은 '반토막'이 날 수도 있다는 취지의 말을 지금도 서슴지 않고 한다. 경제가 어려우니 주택 가격이 폭락할 것이라는 소식을 접하면 무주택자들은 열광할지 몰라도 어렵게 대출을 받아 집을 산 1주택자들은 마음속에 공포가 자리 잡게 된다. 과연 경제가 어려우면 집값이 떨어질까?

주택은 필수재이기 때문에 당장 집을 사겠다는 수요 말고도 잠재수요가 대단히 많은 재화다. 따라서 장기적인 관점에서 보자면 경제가 어려워져 소득이 줄고 이자를 낼 여력이 없으면 당연히 수요도 줄면서 집값 하락요인이 생긴다. 하지만 단기적으로는 그와 반대의 현상이 생긴다. 경제가 어려우면 통화 정책이 완화되고 금리가 낮아지면 당장 집을 사려는 사람들의 구매욕구를 자극하기 때문이다.

이와 반대로 경기가 좋은 호황기에는 금리 수준이 높게 유지되는데 이러면 오히려 주택 수요가 낮아지고 하락까지는 아니더라도 주택 가격이 보합세를 유지하는 경우가 많다.

> **경기에 따른 주택 가격 흐름**
> - 경기 침체→ 금리 인하→ 주택 수요 증가→ 가격 상승
> - 경기 호황→ 금리 인상→ 주택 수요 감소→ 가격 보합

아마 유튜브에 나오는 전문가들이 전하려는 내용은 과거처럼 엄청난 주택 가격 상승률이 나타나지 않을 것이라는 말일 것이다. 물론 이는 맞는 말이다. 그럼 이제 영원히 집을 사지 말아야 할까? 그렇지 않다. 집은 어딘가에는 있어야 하기에 사지 않더라도 그 대신 월세나 전세자금 대출이자 비용이 동반되기 때문이다. 따라서 주택은 과거와 같은 자산 증식의 수단이 아니라 안정된 주거를 보장하는 동시에 약간의 자본소득(시세차익)을 올릴 수 있는 수단으로 여전히 아주 중요한 투자재다.

그렇다면 집값은 앞으로 얼마나 올라갈까? 여기서 말하는 주택 가격 상승률은 올해와 내년의 단기 상승률을 말하는 것이 아

니다. 어쩌면 1년 정도만 놓고 보면 2022년처럼 하락하는 경우도 있을 수 있다. 하지만 10~20년 정도의 장기간으로 보면 주택의 명목가격은 올라갈 것이다. 우리나라는 아직까지 디플레이션 경제가 아니기 때문이다. 실제로 한국은행은 인플레이션 목표치를 2%로 두고 있다. 목표치가 2%라는 말은 물가상승률이 너무 높으면 금리를 올리는 등의 정책을 통해 인플레이션을 낮추겠지만, 반대로 2%보다 낮으면 인플레이션을 유도한다는 의미다.

당연하게도 언제나 잠재수요가 존재하는 대한민국의 아파트는 장기적으로(10~20년) 이 평균 인플레이션보다 상승률이 낮기는 어렵다. 하지만 경제성장률이 6~7% 이상이던 시절이 아니기 때문에 이제는 시장이 장기 기대인플레이션보다 상승률이 높기는 어려울 것이다. 이때 기대인플레이션은 경제주체들이 예상하는 인플레이션으로 보통 국고채 10년물 금리를 보면 알 수 있다.

2000년대 초반만 해도 우리나라 국고채 10년물 금리는 7~8% 대로 매우 높았다. 장기적으로 보자면 당시의 이런 높은 기대인플레이션이 2000년부터 2010년까지 10년간 지속된 높은 주택 가격 상승률을 이끈 것이라고 봐도 무방하다. 국고채 10년물 금리가 7%라는 뜻은 시장이 앞으로 10년간의 평균 인플레이션을 7%로 본다는 것이고 그에 따라 주택 가격 상승률도 10년 평균이 최소한 그 수준으로 수렴한다는 의미다(실제로 2000년대 초반에 집을 산 사람은 10년 평균 7~8%의 집값 상승을 경험했다).

그럼 지금 국고채 10년물 금리는 어느 정도로 낮아졌을까?

국고채 10년물 금리(단위: %)

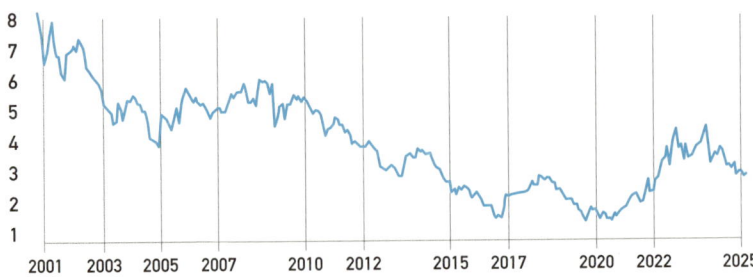

2.79%, 그러니까 시장이 앞으로 10년간의 평균 인플레이션이 2.79% 수준으로 낮아질 것이라고 전망한다는 것이다. 경제성장률이 1% 대인 지금, 앞으로 10년 연평균 상승률이 2.79%를 넘기는 쉽지 않다. 물론 시장이 장기적으로 그렇게 예상을 했다고 하더라도 생각지도 않은 엄청난 경제적 이벤트가 생긴다면 예측은 달라질 수도 있다. 예를 들어 IMF나 금융위기와 같은 신용경색이나 유동성 위기가 온다든지, 확률은 낮지만 고성장의 시기가 오면 달라질 것이다. 하지만 그게 아니라고 한다면 앞으로의 주택 가격은 평균적으로 시장의 전망에 수렴한다.

결국 집값의 변동은 시장이 지금 예측하는 기댓값이 가격에 반영되는 과정이라고 봐야 한다. 하지만 평균은 말 그대로 평균일 뿐 개별 자산에 이 평균 상승률을 적용할 수는 없다. 예컨대 우리 반 학생들의 수학 평균점수가 50점이라고 해서 우리 반의 모든 학생이 50점을 맞는다는 뜻은 아니기 때문이다. 평균은 평균이고 당연히 지역별로 상승률은 달라진다. 그렇다면 왜 지역별로 상승률이 다를까? 바로 시장의 기댓값(투자가치) 때문이다. 투자가치는 결국 유효수요를 발생시키고 유효수요가 생기면 실제로 가격 상승으로 이어진다.

> **투자가치와 가격의 상관관계**
>
> • 투자가치 변화(기댓값) → 유효수요 변화 → 가격 변화

그럼 지역별로 이 기댓값의 변화를 관찰할 수 있다면 단기적인 가격 변화는 몰라도 어느 정도 장기적인 가격의 변화는 예측할 수 있을 것이다. 그럼 이제부터 시장이 평가하는 지역별 기댓값이 어떻게 나타나는지를 알아보자.

현재 서울 지역 $84m^2$(30평 초반) 아파트를 기준으로 보자. 이 평형 중에서 가장 비싼 아파트는 서초구에 위치한 R 아파트다. 가격은 매매가가 60억 1,250만 원이고 전세가는 24억 원이다.

이 자산을 거주 목적이 아니라 순수 투자자산으로 보고 계산해보자. 이 집을 소유한 사람은 1년에 24억 원만큼의 임대수익을 올릴 수 있다. 전월세 전환율은 2.5%지만 이것은 임대사업자가 세입자와 임대차계약을 갱신하는 경우에 적용되는 것이고 실제로 시장에서는 보통 전세 1억 원은 예금금리의 2배 수준(5~6%)을 넘는다. 고가 주택이므로 6%라고 가정해서 계산해보자. 그럼 월세로는 전세금 1억 원당 6%인 연간 600만 원의 월세를 받을 수 있

— 상위 가격 R 아파트(위)와 하위 가격 K 아파트(아래)의 매매가와 전월세가

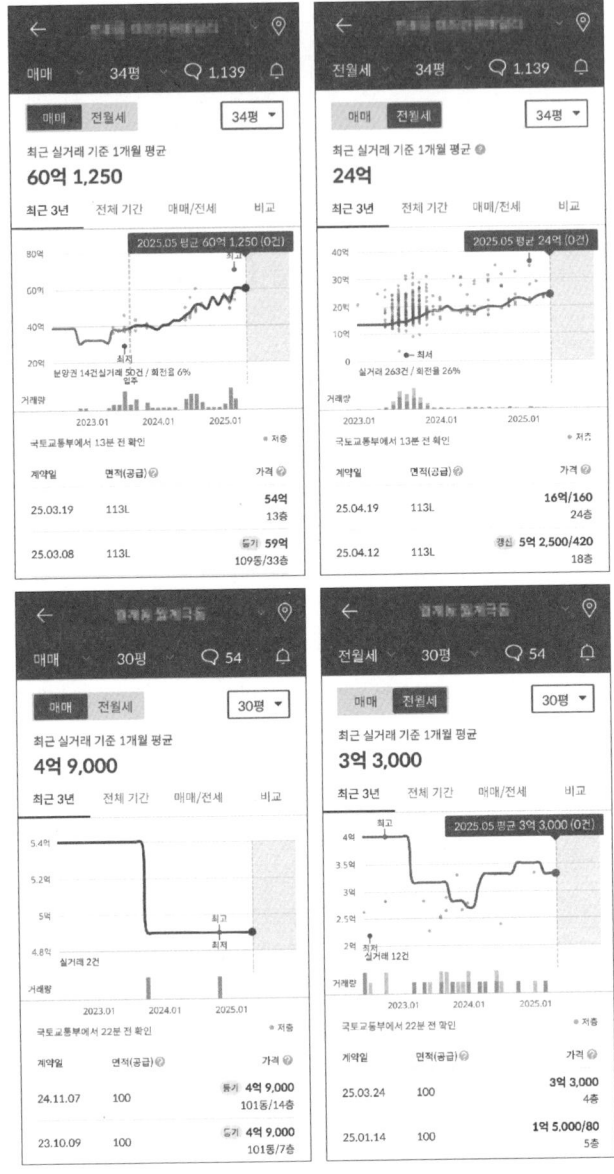

다. 전세금 모두를 월세로 전환해서 받는 경우는 실제로는 드물지만 계산을 용이하게 하기 위해 최대치로 계산해보자.

현금 흐름: 24억 원 × 6% = 1억 4,400만 원

명목수익률: 1억 4,400만 원 ÷ 60억 1,250만 원 = 2.39%

이 집의 소유자는 1년에 1억 4,400만 원의 현금 흐름의 가치를 얻으려고 현재 60억 1,250만 원을 투자하고 있는 셈이니 현재 나타난 명목수익률은 2.39%로 매우 낮다.

이제 유사 평형 중에서 가장 싼 아파트를 보자. 유사 평형 중 가장 가격이 낮은 아파트는 노원구의 K 아파트($80m^2$)다($84m^2$의 경우 최근 실거래가 없어 유사 평형 중 가장 거래 많은 $80m^2$ 자료를 참고했다).

이 집을 소유한 사람은 1년에 3억 3,000만 원만큼의 임대수익을 올릴 수 있다. 동일하게 전월세 전환율을 6%라고 가정해서 계산해보자.

현금 흐름: 3억 3,000만 원 × 6% = 1,980만 원

명목수익률: 1,980만 원 ÷ 4억 9,000만 원 = 4.04%

이 집의 소유자는 1년에 1,980만 원의 현금 흐름의 가치를 얻으려고 4억 9,000만 원을 투자하고 있는 셈이니 현재 나타난 명목수익률은 4.04%로 서울 최고가 아파트에 비해서 매우 높다.

그럼 이런 명목수익률이 보여주는 시장의 심리는 무엇인지 생각해보자.

우리는 지금 시장이 평가하는 지역별 기댓값을 알고 싶다. 이 기댓값이 시장의 유효수요의 변화로 이어지고 결국 특별한 경제적 이벤트가 발생하지 않는다면 그 기댓값이 가격의 변화를 만들어내기 때문이다. 그런데 한 가지 의문이 든다. 최고가 아파트는 왜 이처럼 명목수익률이 낮은가?

자산 가격은 다음과 같은 수식으로 표현할 수 있다.

자산 가격 공식

$$P = \frac{CF}{R}$$

*P = 자산 가격, CF = 현금 흐름, R = 요구수익률

예를 들어 예금이자율이 3%인데 1년에 2,400만 원의 현금 흐름을 원한다면 자산 가격은 얼마여야 할까? 즉 얼마를 예금해야 할까?

$$\frac{2,400만\ 원}{3\%(0.03)} = 8억\ 원$$

보통 요구수익률은 현금 흐름이 안정적일수록 낮아지고 현금

흐름의 변동성이 높을수록 높아진다. 이 세상에서 예금의 이자가 가장 안정적이므로 보통 다른 자산들은 현금 금리 3%보다는 요구수익률이 높다. 아파트는 어떨까? 아파트는 대체로 공실이 없고 현금 흐름이 매우 안정적인 편이다. 하지만 당연히 예금보다는 안정성이 떨어지고 거래비용, 보유세도 있는 만큼 아파트의 요구수익률은 적어도 예금 세후 수익률의 2배 수준인 5%는 돼야 한다. 그렇다면 최소 요구수익률 5%를 기준으로 위 두 아파트의 명목수익률이 5% 요구수익률에 얼마나 못 미치는지 확인해보자.

R 아파트의 요구수익률은 아래와 같다.

$$60억\ 1{,}250만\ 원 = \frac{1억\ 4{,}400만\ 원}{2.39\%(0.0239)} \rightarrow \text{최소 요구수익률 5\%에 2.61\% 못 미침}$$

이 집의 소유자는 왜 최소 요구수익률 5%에 무려 2.61%나 못 미치는 집을 보유하고 있는 것일까? 다시 말해 시장은 왜 최소 요구수익률에 2.61%나 모자라는 수준인 60억 원까지 주택 가격을 올린 것일까?

이것을 뒤집어 생각해보면 시장이 미래 기댓값으로 이 집의 연성장률을 2.61%로 보고 있다는 뜻이기도 하다. 즉 기댓값이 높다는 말은 당장은 낮은 명목수익률을 감수한다는 말이다.

그렇다면 반대로 가장 가격이 낮은 K 아파트는 어떨까?

$$4억\ 9{,}000만\ 원 = \frac{1{,}980만\ 원}{4.04\%(0.0404)} \rightarrow 최소\ 요구수익률에\ 0.96\%\ 못\ 미침$$

이 집의 소유자는 최소 요구수익률 5%에 매년 0.96% 못 미치는 집을 보유하고 있는 셈인데 이는 시장이 미래 기댓값으로 이 집의 연 성장률을 0.96%로 보고 있다는 뜻이기도 하다. 즉 기댓값이 낮다는 말은 당장은 상대적으로 높은 명목수익률을 본다는 말이다.

> **수익률의 관계**
>
> • 높은 명목수익률 = 낮은 기대수익률
> • 낮은 명목수익률 = 높은 기대수익률

지금까지 서울 지역 동일한 평형의 아파트임에도 가격이 차이가 날 수 있으며 이 결과의 바탕에는 시장의 기댓값이 작용한다는 것을 보았다. 그렇다면 과연 가장 비싼 아파트와 가장 싼 아파트의 중간에 있는 중위 가격 아파트는 정말 기댓값이 이 두 아파트 중간쯤에 있을까? 이것도 한번 찾아보자.

현금 흐름: 5억 2,000만 원 × 6% = 3,120만 원

명목수익률: 3,120만 원 ÷ 11억 2,700만 원 = 2.76%

— 중위 가격 C 아파트의 매매가와 전월세가

중위 가격 아파트는 최소 요구수익률 5%에 2.24%가 못 미치므로 시장에서 이 아파트의 기댓값은 연 2.24% 수준이라고 봐야 한다. 그렇다면 가격이 가장 비싼 아파트와 가장 싼 아파트의 중간에 있다는 것을 알게 된다. 물론 지역마다 요구수익률 자체가 다를 수도 있다. 하지만 여기서는 원리를 이해하기 위해 최소 요구수익률은 모두 5%로 가정했다.

30평대 아파트의 시장의 기댓값(성장률):

가장 비싼 아파트   중위 가격 아파트   가장 싼 아파트
   2.61%   >   2.24%   >   0.96%

자, 그렇다면 앞서 배운 아파트 가격 형성 원리의 수식과 같다는 것을 알 수 있다.

아파트 가격 공식

$$P = \frac{CF}{R - g}$$

*P = 아파트 가격, R = 요구수익률, g = 성장률(기대수익률)

물론 지금 말하는 이 원리가 미래 가격에 한 치의 오차도 없이 그대로 반영된다는 의미는 아니다. 앞서 언급한 대로 중간에 시장이 예측하지 못한 여러 가지 경제 이벤트가 생긴다면 달라질 수 있다. 다만 시장의 기댓값이 유효수요를 늘리거나 줄여서 가격을 움직이는 메커니즘은 변하지 않기 때문에 시장이 지금 생각하는 지역별 기댓값의 차이가 가격에 어떻게 반영되는지는 꼭 알아야 한다. 어쨌든 기댓값이 높은 지역일수록 장기적인 주택 가격 상승률은 높을 수밖에 없다.

물론 집값의 상승률이 높다고 높아진 상승분이 고스란히 소유자의 자본소득(시세차익)이 되지는 않는다. 양도소득세나 보유세가 같이 올라가기 때문이다. 다만 시장에서 왜 지역별로 상승률 차이가 나타나는지 정확히 이해할 필요가 있다.

가장 비싼 서초구 R 아파트를 예로 들어보자. 예상대로 주택 가격이 연간 2.61% 올라간다면 과연 투자가치가 있는 것인지 의문이 든다. 그런데 이 집을 사는 사람은 실제로 60억 1,250만 원을 투자하는 것이 아니다. 본인이 이 집에 거주한다면 실제로는 전세금 24억 원을 제외한 36억 1,250만 원만 투자하는 셈이기 때문이다(이 집에 거주할 정도의 사람은 집을 사지 않더라도 어디서든 최소 사용가치로 전세금 24억 원을 지불할 것이라는 전제다).

주택 가격이 연간 2.61% 상승할 경우 집주인에게 1억 5,692만 원 정도의 자본소득이 발생하게 되는데 만일 이 집을 사지 않고 36억 1,250만 원을 은행에 예금한다고 해도 세후 2%(최근 예금금리를 고려한 수치)로 계산하면 연간 자본소득은 7,225만 원에 불과하다. 집주인 입장에서는 그리 나쁜 투자도 아닌 셈이다.

(2-7)

똘똘한 아파트,
도대체 언제까지 오를까?

　우선 가격이 '오른다'는 말을 제대로 정의하자. 아파트의 가격이 오른다는 말은 아파트의 절대가격이 오른다는 것이 아니라 상대가격이 오른다는 것이다. 그동안 아파트뿐만 아니라 예금, 주식, 토지 등 다른 자산의 가격도 올랐다. 다만 주거와 동시에 시세차익을 볼 수 있는 아파트의 특성상 다른 자산의 상승률이 아파트 상승률에는 미치지 못했기 때문에 아파트 가격이 많이 오른 것으로 인식되는 것이다. 따라서 가격이 오른다는 것은 상대가격이 오른다는 의미다.

똘똘한 아파트 상승세,
앞으로 최소 15년은 간다

통계청이 2024년에 발표한 〈장래인구추계: 2022~2072년〉을 살펴보면 2040년에 우리나라 인구는 현재보다 약 3% 줄어든 5,006만 명으로 160만 명 넘게 감소하는 수준이다. 주택 총수요는 인구보다는 가구 수와 더 밀접한 관련이 있다고는 하지만 인구 역시 무시할 수 없는 요소인데, 그럼에도 15년 후에 주택 총수요를 급격히 낮출 만한 인구 변화는 없다고 봐야 한다.

인구가 줄어도 똘똘한 아파트의 가격이 낮아지지 않는 이유는 수험생 수가 반토막이 나도 서울대 합격선이 낮아지지 않는 이유와 같다. 초·중·고 학생 수는 2021년에 532만 명에서 2024년에는 3.6%나 줄었지만 사교육비는 2021년에 23조 4,000억 원에서 2024년에는 29조 2,000억 원으로 무려 25%가 늘어나지 않았는가? 이처럼 총수요는 특정 자산의 가격에는 거의 영향을 주지 못한다. 그렇더라도 인구변화 예측 자료는 미래를 바라보는 데 그 나름대로 의미가 있을 것이다.

물론 인구 하나만을 놓고 집값을 예측할 수는 없다. 집값을 결정하는 변수는 경제성장률, 국민소득, 주택공급량, 금리 수준 등 다양하기 때문이다. 하지만 인구를 놓고 보자면 결국 도심에서 머물며 경제활동에 적극적으로 참여하려는 인구가 얼마나 많은가를 파악해야 한다.

— **2025년(왼쪽)과 2045년(오른쪽) 인구 피라미드**

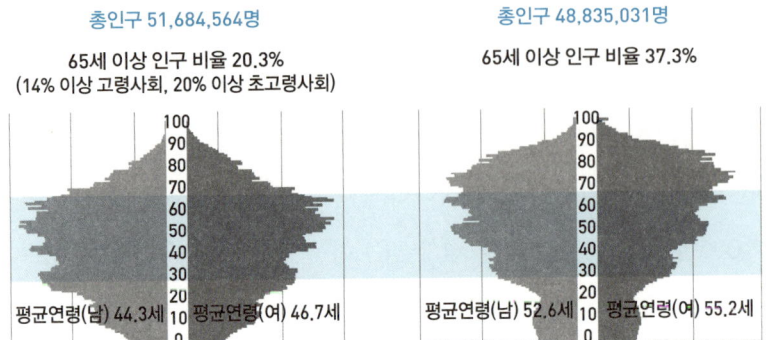

주택에 대한 수요가 가장 강한 30세 이상 70세 미만 연령대의 인구를 살펴보자.

2024년 중소벤처기업부와 통계청 보도자료에 따르면 2024년 9월 현재 60세 이상 취업자는 전년 동기 대비 27만 2,000명 증가한 674만 9,000명으로 역대 최대 수준을 기록했다. 이로써 1982년 관련 통계 작성 이후 처음으로 50대 취업자(672만 명)를 뛰어넘었는데 그다음으로는 40대(619만 1,000명), 30대(547만 3,000명), 20대(356만 9,000명), 15~19세(14만 2,000명) 순이었다.

경제활동기에는 도심에 머물러야 하는 확실한 이유가 생긴다(과거에는 60세를 은퇴 시점으로 봤지만 현재는 70세 또는 그 이상으로 보는 것이 타당하다). 그렇다면 적어도 70세 이전까지는 도심의 주택을 소유하려는 성향이 강할 것이다.

2025년 30세 이상 70세 미만 연령대별 인구는 4,168만 명에서 20년 후인 2045년에는 3,703만 명으로 11% 정도 줄어들 것으로 예상된다. 하지만 주택 총수요를 크게 변화시킬 만한 의미 있는 수치는 아니다. 줄어든 인구보다 가구 수가 더 폭발적으로 증가하고 있기 때문이다. 따라서 20년 내로 인구 요소 때문에 주택 총수요가 감소하고 그로 인해 아파트 가격이 하락할 것이라고 예상하기엔 무리가 있다. 다시 말해 인구 감소로 인해 아파트 가격이 꺾이려면 꽤 오랜 시간이 걸릴 것이다.

강연을 하다 보면 상당히 많은 사람이 이런 질문을 던진다.
"언제부터 집값이 떨어질까요?"

이 질문은 결국 "언제까지 집값이 오를까요?"의 다른 표현이기도 하다. 하지만 중요한 것은 집값이 어떤 특정한 시기를 전환점으로 삼아 하루아침에 180도 달라지는 것은 아니라는 사실이다. 변화가 있더라도 매우 서서히 일어날 것이 틀림없다. 그럼에도 굳이 언제부터 집값에 변화가 있을지 특정 시점을 집요하게 물어본다면 일단 다른 변수가 달라지지 않는 한 20년 내에 이런 추세는 크게 달라지지 않을 것이라고 말하고 싶다. 앞서 보여준 20년 후 연령대별 예상인구에 근거한 추측이다.

그리고 2044년에 변화가 생길 것이라 말하고 싶다. 2044년은 바로 베이비붐 세대인 1974년생이 70세가 되는 해다. 우리나라는 1960년대 이후 한 해 80만 명 이상이 태어나는 베이비붐 시대가 시작됐다. 해마다 늘어난 출생자 수는 1971년에 102만 명으로 정점을 찍었고 1974년부터는 조금씩 줄어들어 1983년에는 80만 명 이하로 떨어졌다. 그러다 1990년대 초에 반짝 늘어났지만 큰 흐름으로는 계속 줄어 2024년에는 한 해 동안 고작 24만 명 정도가 태어났다.

이런 흐름을 볼 때 1974년은 인구구조 전환점이 된 터닝포인트다. 지금의 인구는 1974년 이전에 태어난 '인구 증가 세대'와 1974년 이후에 태어난 '인구 감소 세대'로 나뉘어 있는 것이다. 물론 1974년 이전에 태어난 세대가 70세를 넘긴다고 해서 무조건 집을 팔고 도시를 떠날 수는 없다. 하지만 주택 총수요는 조금씩 감소할 가능성이 있다.

그렇다면 인구 증가 세대 전체가 모두 70세를 넘기는 시점은 언제일까? 그 시점이 바로 2044년이다.

> **대한민국 인구 증감의 기점**
> - **1974년 이전 출생자 → 인구 증가 세대**
> - **1974년 이후 출생자 → 인구 감소 세대**

똘똘한 아파트의 상승세, 경제성장률 3.5% 복귀 전까지 간다

정부는 집값이 불안해질 때마다 신도시 건설과 같은 대규모 주택공급 정책을 발표해왔다. 하지만 집값이 당장의 공급계획 발표에 생각보다 크게 영향을 받지 못하는 이유는 실제 공급까지 오랜 시간이 걸린다는 점과 새롭게 공급되는 주택이 사람들이 선호하는 서울과 일부 지역의 주택이 아니라는 점 때문이다. 물론 공급계획은 아파트 가격을 장기적으로 안정화하는 데 반드시 필요하다. 그러나 단기적으로 집값이 안정돼도 똘똘한 아파트 상승세가 꺾이려면 경제성장률 회복이 절대적으로 필요하다. 지금과 같은 낮은 경제성장률(2025년 1.5~1.8% 예상)에선 특정 집에 대한 쏠림 현상을 억제하기 어렵기 때문이다.

"경제성장률이 높아지면 소득이 늘어나 오히려 주택 가격이 올라가지 않을까요?"

많은 사람이 이렇게 묻지만 그렇지 않다. 물론 소득은 장기적으로 주택 가격에 영향을 주지만 그보다는 당장의 경제성장 수준이 준수하고 그에 따라 금리가 올라가야만 주택으로만 쏠리는 돈을 다른 투자처로 분산할 수 있다. 그렇지 않다면 여전히 똘똘한 아파트에 대한 수요가 유지될 가능성이 높다.

이는 마치 최근 높아진 나스닥과 S&P500지수를 중심으로 한 미국 주식 가격 과잉에 대한 우려가 높지만 시장 조정이 생각보다 크지 않은 이유와 비슷하다. 미국 주식에 투자된 세계의 자금이 미국 주식을 팔고 회수되더라도 마땅히 투자할 만한 다른 대상이 없기 때문이다. 현재의 낮은 경제성장률은 똘똘한 아파트란 안전자산 외에 대체재를 찾지 못하는 상황에서 낮은 금리까지 더해져 돈이 아파트로만 몰리면서 발생한다. 강력한 부동산 억제 정책이 계속된다면 집값은 단기적으로 안정을 찾겠지만 경제성장률과 금리가 지금처럼 낮게 유지된다면 수도권과 서울을 중심으로 한 아파트 가격의 상승세는 당분간 이어질 것이다.

> **단기적인 집값 안정의 열쇠**
> ① 경제성장률 3.5% 이상으로 복귀할 수 있을까?
> ② 기준금리 3% 이상으로 복귀할 수 있을까?

점점 설 자리를 잃는 다주택자

일부 특정 아파트로의 쏠림 현상이 커지는 또 다른 이유는 1주택자 외 다주택자에게 가해지는 세제상 불이익 때문이다. 문재인 정부의 다주택자에 대한 강력한 과세 정책은 상당 부분 철회됐다고는 하지만 근본적으로 1주택이 아닌 2주택 이상을 보유한 경우는 세제상 불이익이 있을 수밖에 없다.

2024년 양도소득 세율표

보유기간	구분	과세표준	세율	조정대상지역		토지	미등기 양도자산	누진 공제액
				2주택 이상 (+20%)	3주택 이상 (+30%)	비사업용 (+10%)		
1년 미만	분양권		70%				70%	
1년 이상			60%					
1년 미만	토지/건물 부동산		50%				70%	
2년 미만			40%					
2년 이상 기본세율	토지/건물 부동산에 관한 권리	1,400만 원 이하	6%	26%	36%	16%	70%	
		5,000만 원 이하	15%	35%	45%	25%		126만 원
		8,800만 원 이하	24%	44%	54%	34%		576만 원
		1.5억 원 이하	35%	55%	65%	45%		1,544만 원
		3억 원 이하	38%	58%	68%	48%		1,994만 원
		5억 원 이하	40%	60%	70%	50%		2,594만 원
		10억 원 이하	42%	62%	72%	52%		3,594만 원
		10억 원 초과	45%	65%	75%	55%		6,594만 원

2-8
BTS의 인기가 이해되지 않는다면 재테크는 포기하라

전 세계적으로 엄청난 인기를 얻고 있는 케이팝, 그중에서도 BTS의 인기는 상상을 초월한다. 그들의 공연을 보기 위해 밤을 새워가며 기다리는 인파를 전 세계 어디에서나 쉽게 볼 수 있다. 한류 열풍 중에서도 핵심을 차지하는 BTS는 웬만한 기업 이상의 매출과 수익을 내는 것은 물론이고 문화 콘텐츠의 수출을 통해 한국 문화의 위상을 높이는, 그야말로 국가를 대표하는 자랑 중의 자랑이 됐다.

기성세대에게는 그 인기가 그저 놀랍고 신기하다는 생각을 넘어서서 잘 이해되지 않는 구석도 있다. 왜 그토록 세상 사람들이 그들에게 열광하는지 공감하기 어렵기 때문이다. 지금의 60대는 아이돌이 TV에서 빠른 말로 쏟아내는 랩이나 현란한 춤 동작을 보며 세대 차이를 느낀다고 한다. 이것은 당연한 일이다. 화살같이 빠르게 지나고 변화하는 세상의 첨단을 쫓아간다는 것이 그렇게 녹록한 일은 아닐 것이다.

하지만 그것이 100% 이해되지 않는다고 해서 눈과 귀를 닫고 '난 그런 것은 몰라도 돼'라고 하며 마음의 문을 닫는 것은 곤란하다. 자식 같은 젊은 세대와 소통하고 공감하는 것이 어려워지기 때문일 수도 있겠지만 그보단 이런 공감 능력을 갖지 못한다면 경제를 이해하는 능력도 떨어지기 때문이다.

몇 해 전 미국 펜실베이니아대학의 샘 리처즈 교수는 자신의 수업에서 BTS를 언급해 화제가 됐다. 그는 수업 중에 "BTS를 알지 못하면 성공할 수 없다"라는 말을 했다. 그가 그런 말을 한 것은 새로운 시대의 변화나 트렌드를 제대로 읽지 못한다면 어떤 일을 하든 성공하기 어렵다는 취지였다.

필자는 "어떻게 하면 재테크를 잘할 수 있을까요?"라는 질문을 자주 받는다. 이 질문에 정답이 있다면 아마도 필자를 포함해 모든 사람이 알고 싶어 할 것이다. 딱 떨어지는 해답은 없지만 분명한 것은 보이지 않는 가치를 볼 줄 알아야 한다는 것이다. 결국 재테크 능력이란 가치에 비해 가격이 낮을 때 사서 가치에 비해 가격이 높아졌을 때 파는 능력이다.

가격은 눈에 보이지만 가치는 눈에 보이지 않는다. 보이지 않는 것을 보는 힘, 그것이 재테크 능력인 것이다. 여기서 우리는 두 단어를 잘 이해해야 한다. 바로 '가격'과 '가치'다. 세상에 가치 있는 것, 또 앞으로 가치가 높아지는 것은 반드시 가격도 올라간다. 하

一 　가치와 가격의 관계

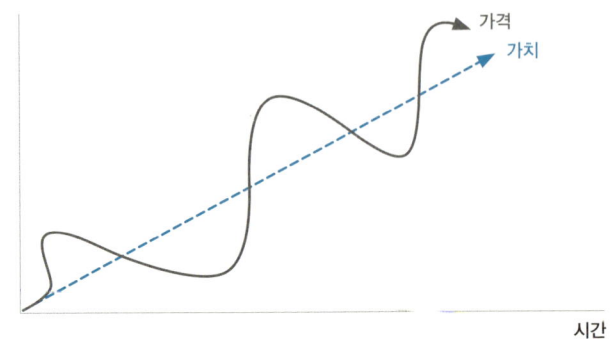

지만 가격은 항상 가치와 같지는 않다. 가치가 올라간다고 해도 가격이 그 가치를 바로 반영하지는 못하기 때문이다.

결국 가격의 미래는 가치가 어디로 가는가에 달려 있다. 앞으로 무엇이 더 가치 있어지고 무엇이 가치 없어질 것인가? 한 가지 예를 통해 생각해보자. 편의점에서 손쉽게 살 수 있는 500ml 생수 한 병이 있다. 가격은 1,000원 정도다. 이 생수를 한여름 휴일에 북한산 꼭대기에서 판다면 가격이 얼마까지 올라갈 수 있을까?

인파가 많이 몰리는 더운 날 산꼭대기에서 얼음처럼 시원한 생수 한 병의 가격은 최고 2,000원까지 올라간다. 이처럼 가격이 2배나 올라간 이유는 무엇일까? 만일 이 생수를 사막 한가운데서 판다면 가격이 얼마나 올라갈 수 있을까? 아마도 편의점에서 파는 생수 가격의 100배가 넘는 가격도 가능할지 모르겠다. 이런 상황의 변화에서 생수의 가격이 올라간 이유는 당연히 생수의 가치가 상승했기 때문이다. 높아진 가치는 어디서 기인한 것일까?

사람들이 그 가격을 내더라도 생수를 간절히 원하기 때문이다. 바로 '수요'가 증가한 것이다. 사막에는 편의점에서 손쉽게 사 먹을 수 있는 생수가 없다. 그만큼 생수를 간절히 원할 수밖에 없는 상황이다.

왜 사람들이 BTS에 그토록 관심을 갖는지 이해하는 일은 사람들의 관심이 어디서 시작되어 어떻게 변하는지를 이해하고 공감하는 일과 같다. 사람들이 관심을 갖고 좋아한다면 그것은 바로 가치 있는 것이 된다. 또 그것이 대량생산을 통해 충분히 공급되지 못하는 것이라면 가치는 배가된다. 결국 미래 경제 상황의 변화와 자산 가격을 잘 꿰뚫는 통찰력은 사람들의 관심의 방향이 어떻게 바뀌는지를 이해하는 능력에서 비롯되는 것이다. 그런 이유로 경제는 결국 인문학이자 사람을 이해하는 학문이라고 할 수 있다.

재테크 베스트셀러의 저자는 실제로 재테크에 성공했을까?
집값이 너무 올라서 집을 못 산다는 말이 사실일까?
아파트 한 채에 전 재산을 묶어도 괜찮을까?
둘이 모으면 얼마나 모을 수 있을까?
똘똘한 한 채 마련을 방해하는 '오적'이란?

3장

똘똘한 아파트, 못 산다는 말은 핑계다

3-1
재테크 베스트셀러의 저자는
실제로 재테크에 성공했을까?

얼마 전 한 공기업의 신입사원 연수교육에서 강연을 하게 됐다. 이런 강연은 주로 직장인 월급관리와 재테크를 주제로 하는데 늘 시간을 내어 질문을 받고 답변을 하는 시간을 갖는다. 사실 이런 강연에서 나오는 질문은 대개 비슷한 것이 많다. 예를 들면 이런 질문이다.

"저축을 해야 하나요, 아니면 먼저 대출을 갚아야 하나요?"
"집은 꼭 사야 할까요? 언제쯤 사야 하나요?"
"안전하게 주식투자를 하는 방법은 없나요?"

오랜 경험상 이번에도 대체로 이런 질문을 예상했다. 하지만 의외의 질문이 나왔다. 한 신입사원이 손을 번쩍 들고 물었다.

"강사님은 어떤 재테크를 하셨나요? 그리고 성공하셨나요?"

간 강연장 곳곳에서 알 수 없는 웃음이 터져 나왔다. 심지어 박수를 치는 사람도 있었다. 웃음과 박수는 자신들도 진짜 궁금했던 내용을 용기 있게 질문해준 신입사원에게 보내는 것으로 보였다. 순간 이런 생각이 스쳤다. '아, 정말 궁금해하는 것은 따로 있었구나!' 그러고 보면 그동안 강연에서, 또 앞서 출판한 여러 권의 책에서 모두 필자가 조언하며 돕고 있는 사람들의 우수 사례와 성공 원칙은 소개했지만 정작 나에 관한 이야기는 언급한 적이 없었다.

질문자가 던진 "어떤 재테크를 했는가?"라는 물음보다 "성공했습니까?"라는 물음이 더 난감했다. 성공의 기준은 주관적이고 모호하기 때문이다. 필자는 이렇게 답했다.

"성공했다기보다는 실패하지는 않았다고 생각하며 지금도 성공을 향해 나아가는 중입니다."

지금 생각해봐도 이 질문은 가장 핵심을 찌른 좋은 질문이라는 생각이 든다. 이 질문을 계기로 지난 20년간 필자의 돈 관리와 재테크가 어떠했는지를 돌아보게 됐다. 그래서 책을 통해 필자의 재테크 경험기를 조금 말해보려고 한다. 다른 부분은 제외하고 이 책의 주제와 관련이 있는 내 집 마련에 관한 부분만을 이야기해볼 것이다.

김경필 저자 자산 현황

- 55세 기혼
- 직장생활과 프리랜서 경력을 합쳐 경제활동 30년 차

성공 사례 ① S생명 주식 (거의 처분하고 약간 남음) 수익률 27,000%
성공 사례 ② 강남 34평 아파트   25억 6,000만 원
    (28억 원 − 대출 잔액 2억 4,000만 원)

오피스텔 2억 7,000만 원 (대출 잔액 8,500만 원)   ○억 ○,○○○만 원
미국 주식   ○,○○○만 원
해외펀드   ○,○○○만 원
개인연금(투자형) 평가 금액   ○,○○○만 원

필자는 형편이 넉넉하지 않은 집에서 1남 2녀 중 막내로 태어났다. 당시 대부분의 가정처럼 줄곧 외벌이였다. 현재 자산 현황을 살펴보면 사실 큰 부자라고 할 수 없지만 그래도 맨손으로 시작한 것치고 나쁘지 않은 결과라고 생각한다. 그중 재산 증식에 가장 큰 역할을 한 것은 바로 '똘똘한 한 채'였다. 나머지 자산은 그 집을 바탕으로 하여 새롭게 투자되어 파생된 것이기 때문이다. 결국 가장 중요한 역할을 한 것은 바로 집이다. 내 소득에 비해 무척이나 높은 수준의 집에 과감하게 도전했던 것이 결과적으로 성공의 비결이 됐다.

필자는 어릴 적부터 부모님에게서 절약이 중심이 되는 돈 관

리에 대해 많은 가르침을 받았다. 특히 나중에 돈을 벌면 집을 우선 사야 한다는 말을 수없이 들었다. 지금 내가 내리는 결정 하나에 따라서 향후 엄청난 차이가 생길 수도 있으니 돈에 관해서 항상 생각하며 결정을 내린다는 개념도 그 당시에 자리 잡았다. 마치 세뇌와도 같은 학습 때문인지 필자는 실제로 직장을 잡고 돈을 벌기 시작하면서 '내 집 마련'이라는 제1의 목표를 남보다 빨리 선명하게 세울 수 있었다.

첫 번째 재테크 성공은 사회초년생 때로 거슬러 올라간다. 필자는 1990년대 후반 S 그룹에 입사했다. 그때는 한 달이 넘는 합숙교육을 받은 후 자신이 원하는 회사를 1지망, 2지망, 3지망 순으로 지원한 뒤 발령받았다. 물론 무조건 원하는 대로 되지는 않았지만 그래도 어디를 1지망으로 쓸 것인가는 매우 중요한 결정이었다. 교육생 대부분이 S 물산이나 S 전자를 1지망으로 지원했다. 하지만 필자는 고심 끝에 S 생명을 1지망으로 지원했고 그대로 발령을 받았다. 여러 가지 정황상 10년 내에 그 회사가 상장을 추진할 것이라고 예상했기 때문이다. 만일 주식을 받을 수 있다면 좋은 재테크가 될 수도 있다는 생각이 들었다.

결과론적으로 말하자면 필자의 예상은 빗나가지 않았다. 입사 후 4년 만에 S 생명 우리사주를 액면가 500원으로 1,570주를 받았다. 이 주식은 2005년에 상장됐고 필자는 9년이 지난 2014년에 주식 대부분을 처분했다. 투자금액은 1,570주 × 500원 = 785,000원에 불과했다. 한 주에 평균 13만 5,000원으로 매도했으니 오랜 고민

끝에 결단을 내려 불과 78만 원으로 15년 만에 무려 2억 1,195만 원(수익률 27,000%)이라는 성과를 낸 것이다. 역시 재테크에는 판단력과 끈기, 인내의 시간이 필요하다. 이것이 필자의 재테크 도전에서 첫 번째 성공적인 사례(사례 ①)가 됐다.

둘째는 주택 구입이다. 우리나라에선 집을 잘 사는 것이 평생의 재테크에서 절반 이상을 차지한다. 이런 생각은 어릴 적에 집 때문에 전전긍긍하며 살아온 부모님의 모습을 통해 학습됐다. 이제 와 생각해보면 그 생각은 틀리지 않았고 앞으로도 크게 바뀌지 않을 것이다.

입사 초기에 월급은 각종 공제를 제외하고 약 155만 원이었다. 1990년대 후반에는 대기업이라도 신입사원은 연봉이 2,000만 원밖에 안 되는 수준이었다. 매년 2~3%의 인플레이션을 감안하면 그때 월급은 현재 화폐가치로 300만 원 정도라고 볼 수 있다. 필자는 그중에서 80%인 월 124만 원을 저축했다. 좀 황당한 수치일지 모르지만 몇 달 전만 해도 학생이었던 사람이 집에서 해주는 밥을 먹으며 직장을 다닌다면 충분히 가능한 금액이다. 처음부터 했기 때문에 가능하지, 소비를 늘리고 나면 그 이후에는 절대로 80%를 저축하지 못한다.

월 124만 원은 당시 이자율(6~7%)로 매년 1,500만 원이라는 목돈을 만들 수 있는 금액이었다. 처음엔 상당히 무리라고 생각되는 금액이었지만 특별한 비용이 들어가지 않는 시기였기 때문에 더 많은 저축을 해야겠다고 다짐했다. 그런 생각은 역시 목표가 있었기 때문에 가능했다. 바로 '내 집 마련'이다. 나중에 깨달은 사실이지만 필자의 생각은 틀리지 않았다. 월급이 아무리 오르더라도 저축보다는 소비 금액이 더 빨리 올라가기 때문에 처음부터 저축률을 높여놓지 않으면 나중엔 월급이 올라도 아예 저축하지 못하게 된다. 이것은 정말 중요한 사실이다.

보통 결혼 후 10~15년이 지나면 월급이 올라도 교육비 부담 때문에 저축률은 10~20%에도 못 미친다. 맞벌이라고 해서 사정이 다르지 않다. 많이 벌면 그만큼 더 많이 쓰기 때문이다. 물론 필자도 매년 올라가는 월급까지 모두 80%를 저축하지는 못했다. 하지만 지금 기억으로는 자녀가 초등학교 입학하기 전까지는 월급의 50% 이상을 저축했다. 결국 처음에 무리해서라도 저축률을 높여서 시작했던 것이 돈을 빨리 모을 수 있었던 계기가 됐다.

연도별 저축률을 정리해보았다. 1~5년 차가 저축률은 가장 높다. 그 이후 저축률은 떨어질 수밖에 없다. 월급이 늘어나도 소비 비율이 더 빨리 늘어나기 때문이다. 5~10년 차가 월급이 더 높기 때문에 낮아진 저축률이라도 저축금액이 적지 않다. 이렇게 모인 돈은 대부분 올라가는 전세자금으로 들어갔다. 남는 금액은 예금 형태로 가지고 있었는데 2005년 5월에 드디어 필자는 10년 만에 재테크 시도에서 중요한 결단을 내리게 된다. 전세금과 예금을 합한 돈 3억 5,000만 원으로 대출을 받아 강남에 $112m^2$(34평) 아파트를 사기로 결심한 것이다.

당시 6억 9,000만 원이던 아파트는 2025년 3월 현재 28억 원으

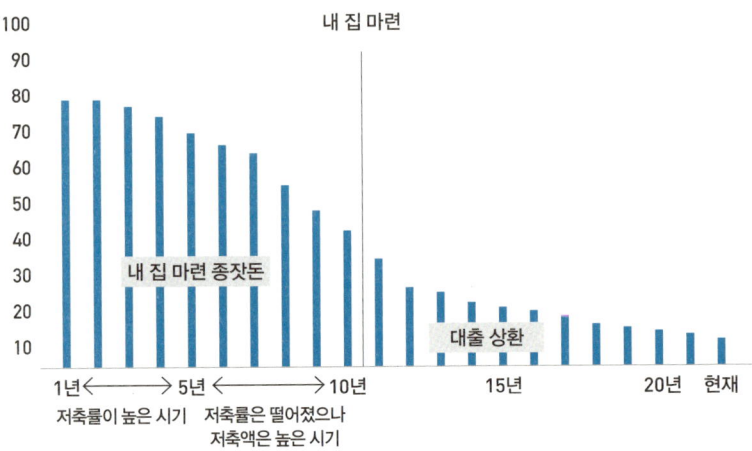

필자의 월급 대비 저축률(단위: %)

로 4배 이상 올랐다. 하지만 그동안 원금상환과 이자 그리고 높은 재산세까지 부담하며 마음고생이 이만저만이 아니었다. 그러나 결과론적으로 보면 두 번째의 성공적인 사례(사례 ②)가 됐다.

지금이야 잘한 결정이라는 말을 듣지만 당시에는 이 결정 때문에 세 여성에게 한동안 귀가 따갑게 잔소리를 들었다. 어머니, 장모님 그리고 아내였다. 당시 3억 원이 넘는 대출을 받는다는 건 강남 집값 상승에 대한 100% 확신이 없다면 절대 해서는 안 되는 도박 같은 모험이었다. 이자만 매월 120만 원 넘게 내야 했기 때문이다. 하지만 필자는 이미 매월 300만 원 가까이 저축하고 있었기 때문에 저축을 한다는 마음으로 이자를 내고 남는 금액은 원금을 상환하는 데 쓰기로 마음먹었다. 내 집 마련을 한 후에도 저축하던 금액을 고스란히 대출이자와 원금상환을 하는 데 집중한 것이다. 처음에는 대출이자가 훨씬 많고 원금상환이 적었지만 꾸준히 갚다 보니 어느새 대출금액은 사라졌다. 당시 주택 구입에 필요했던 자금 조달 내용이다. 주택 구입비는 6억 9,000만 원, 취등록세는 2,500만 원이었다.

외부지원

부모님 지원	4,000만 원
은행 대출	3억 6,500만 원

저축

전세금	1억 8,000만 원
예적금	1억 3,000만 원

(저축으로 모은 돈 총 3억 1,000만 원)

어떻게 주변의 부정적인 시선을 뿌리치면서 이런 결단을 내릴 수 있었을까? 제1의 목표가 내 집 마련이다 보니 늘 주택시장에 관심을 갖고 이런저런 정보를 눈여겨보고 있었다. 2005년은 판교 신도시 개발이 확정되고 공사가 시작되던 시기였다. 대부분 사람은 수도권의 대규모 주택공급이 집값을 안정화할 것이라고 생각했다. 이것은 주택시장을 수요와 공급의 논리로 보는 시각이다. 집을 많이 지으면 집값이 올라가지 않을 것이라고 생각하는 것이다.

하지만 필자는 그렇게 생각하지 않았다. 경제학을 조금만 현실에 접목해본다면 답은 간단하다. 당시에도 전국의 주택보급률은 100%가 넘는다고 매년 발표했는데 집값은 그와는 무관하게 여전히 물가상승률보다 높았다. 모든 경제활동의 인프라가 서울에 집중된 상황에서 서울 외곽에 아무리 집을 많이 짓는다고 해도 그것은 서울 도심에 있는 주택을 공급하는 것과 똑같지 않기 때문이다.

특히 2004년 10월엔 〈행정수도이전 특별법〉에 위헌결정이 내려졌다. 그 뉴스를 보는 순간 당분간, 아니 꽤 오랫동안 우리나라는 서울 집중화를 막을 방법을 원천적으로 잃게 됐다는 생각이 들었다. 즉 서울, 특히 강남과 같은 주거지의 공급이 원천적으로 중단된 것이다. 유명 화가의 그림은 그 유명 화가가 죽으면 가격이 폭등하는데 그림의 공급이 원천적으로 중단되기 때문이다. 같은 이치다.

그런데 필자의 내 집 마련에 관한 이야기를 들었던 사람은 모두 그때 강남 아파트를 과감하게 샀던 그 판단만을 기억한다. 더 중요한 사실은 잘 모르면서 말이다. 진짜 중요한 것은 그런 판단력보다 3억 1,000만 원을 모을 수 있었던 강력한 저축의 힘이다. 그것이 없었다면 이런 재테크는 시도조차 할 수 없었을 것이다.

아직도 남보다 빨리 집을 산 경우를 보면 연봉이 높았기 때문이라고, 이자율이 높았던 시대였기 때문이라고 생각하는가? 지난

14년간 필자가 조언하고 있는 고객 중에서도 많은 이가 아파트를 샀다. 하지만 동일한 소득과 환경에도 집값이 높고 이자율이 낮아서 집을 못 산다는 핑계를 대는 사람은 여전히 많다.

생각보다 집을 빨리 산 사람은 일찍부터 선명한 목표를 세운 뒤 돈을 중간에 흘리지 않고 잘 집중해온 것이다. 반면 그렇지 못한 경우라면 저축을 열심히 하더라도 중간에 돈을 여러 곳에 흘리며 집중하지 못한 셈이다. 재테크 베스트셀러의 저자에게도 재테크 성공은 완료형이 아니라 현재 진행형이다.

3-2

집값이 너무 올라서
집을 못 산다는 말이 사실일까?

 그동안 집값이 무척이나 많이 올랐다는 것을 모르는 사람은 없다. 대한민국에 산다면 누구나 아는 이런 집값 상승의 역사는 각 세대에게 어떤 영향을 미쳤을까?

 우선 50~60대인 베이비붐 세대(1950~1965년생)는 '부동산 불패'라는 인식을 형성했다. 40~50대(1966~1980년생)는 하루빨리 내 집 마련을 해야 한다고 학습했다. 그런데 유독 그 이후에 태어난 세대에게는 집값 상승이 "집값이 너무 올라 집을 못 산다"는 볼멘소리를 하게 만드는 이유가 되고 있다.

 주택의 절대가격이 올라간 수치만 들여다보면 그런 생각이 들 수밖에 없다. 기억을 더듬어보면 필자가 신혼이었던 1999년에는 서울의 80m²(24평) 아파트가 2억이 조금 넘는 수준이었다. 하지만 20년이 지난 지금 평균 9억 원을 훌쩍 넘어서고 있다. 어림잡아

평균으로 계산해도 4배가 넘게 올랐다. 20년 만에 가격이 정말로 4배가 뛴 것일까? 그렇다면 집을 살 수 없다는 젊은 세대의 탄식은 아주 틀린 말이 아니다. 하지만 이렇게 생각해보자. 지난 20년간 집값만 올랐을까? 그렇지 않다. 소득도 함께 올랐다.

1990년대 후반 대기업 대리급 연봉은 평균 3,000만 원 정도였다. 지금은 6,000~7,000만 원 수준이니 소득은 2배 정도 늘어난 셈이다. 절대적 집값이 4배 넘게 오르는 동안 평균적으로 볼 때 소득은 2배가량 올랐으니 당연히 집을 사기는 어렵겠지만 지금은 과거와 달리 결혼한 가정의 경우 맞벌이를 하는 경우가 많다는 사실을 생각하면 이 역시 사람에 따라 달라질 수 있다.

집값이 정말 얼마나 올랐는지 알려면 단순히 집값의 절대가격만으로 생각해서는 안 된다. 그보다는 집값이 소득 대비 얼마나 올랐는가를 봐야 한다. 과거에는 집이 싸서 쉽게 살 수 있었을 것이라고들 말하지만 그때는 소득도 그만큼 낮았음을 생각해야 한다.

소득 상승에 비해서 집값이 얼마나 올랐는지를 따져볼 수 있는 지표가 있다. 바로 소득 대비 집값 상승비율PIR: price to income ratio다. 주택 가격을 가구소득으로 나눈 수치로, 연간 소득을 한 푼도 쓰지 않고 모았을 때 주택 구입까지 걸리는 시간을 나타낸다. 예를 들어 가구소득 대비 주택 가격 비율이 10이라면, 해당 가구의 10년 치 소득을 모아야 주택 한 채를 살 수 있다.

— 소득 대비 집값 상승비율 추이(단위: %)

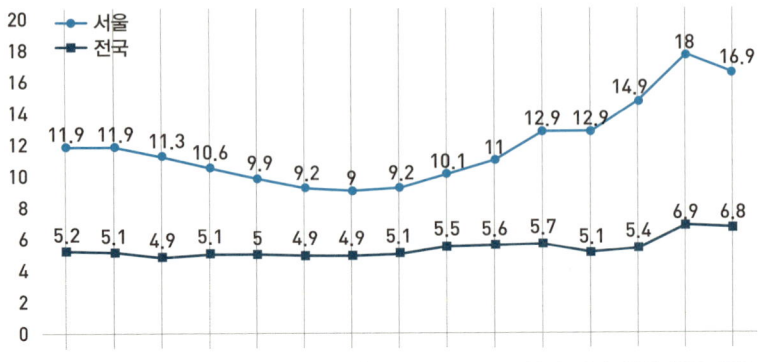

자료: 리얼캐스트(KB국민은행 데이터)

지난 10년간의 PIR을 보면 서울은 양극화가 시작된 2015년 이후로 PIR이 급격하게 상승한 것을 알 수 있다. 그러나 2009년에 비해 2022년 지수는 5 증가했다. 40%가 넘게 오른 수준이지만 소득상승분을 고려한다면 이야기는 달라진다. 또 전국 평균은 소득 증가에 비해서 거의 오르지 않은 수준이다. 물론 집값이 숫자상으로는 올라간 것이 맞다. 하지만 소득상승분을 빼고 나면 "집값이 너무 올라 집을 못 산다"는 말은 다소 설득력을 잃는다.

그보다는 과거 세대에 비해서 소득이 높아진 지금 세대가 그 전에 비해 내 집 마련에 집중하지 못한다는 것을 의미한다. 그러니까 높아진 소득을 내 집 마련에 투입하던 과거 세대와 달리 현재의 삶인 문화생활이나 레저, 여행 등에 더 투입하고 있다는 것이다. 따라서 집값이 너무 올라 집을 못 산다는 표현은 일부 맞기도 하지만 틀리기도 하다. 그보다는 "현재 누리고 있는 여가생활을 일체 포기하지 않고서는 집을 못 산다"고 하는 것이 더 맞는 표현이다.

경제란 무엇을 포기해서 무엇을 얻을 것인지를 판단하는 개념이다. 즉 동일한 조건에서 모든 것을 충족하는 답은 없다. 옷을 고를 때 디자인을 중시할 것인지 아니면 내구성을 중시할 것인지, 또 가격이 저렴한 것에 초점을 맞출 것인지를 염두에 두어야 한다. 가격이 저렴하면서 디자인도 훌륭하고 내구성까지 좋은 옷은 없기 때문이다.

따라서 똑똑한 내 집 마련 계획은 현재의 생활과 미래의 경제적 안정을 적절히 도모하는 수준에서 균형을 맞춰야 한다. 내 집 마련을 위해 최소한의 생활 수준까지 포기해서는 안 되겠지만 그렇다고 현재의 만족스러운 여가생활 때문에 매우 중요한 과제인 내 집 마련 계획도 포기해서는 안 된다는 뜻이다.

사람마다 가치관이 다른 시대를 살고 있으니 무엇이 옳고 무엇이 잘못됐는지 절대적인 기준을 정해 판단하기가 쉽지 않다. 다만 일반적인 상식 수준에서 내 집을 마련하는 데 돈을 쓰기보다 쓰고 나면 사라지는 소비재에 지나치게 돈을 많이 쓰는 성향은 문제임에 분명하다. 자신의 소득에 걸맞은 내 집 마련에 소홀하면서 눈앞 현실 위주의 과소비를 하는 것만큼은 경계해야 한다.

대한민국은 '명품공화국'이라고 해도 과언이 아닐 정도로 세계 최고급 명품 브랜드가 모두 진출한 시장으로 유명하다. 과거에는 명품을 부자들의 전유물처럼 여기던 때도 있었다. 일반적인 상품에 비해 엄청나게 비싼 가격 때문이다. 하지만 한국 시장에서는 일반인들 사이에서 명품을 소유하는 것이 아주 흔한 일이다. 이런 명품은 상품이 갖는 고유의 기능 이외에 그 상품으로 인해 소유한 사람의 지위나 계층이 과시되는 특징을 지니고 있다. 이런 상품을 일명 지위재라고 한다.

진짜 부자들은 자신이 가진 재산에 비해서 명품을 그렇게 많이 소유하지 않는다. 세계 5위의 부자인 페이스북의 창업자 마크 저커버그는 어디서나 청바지와 티셔츠 차림의 수수한 옷차림을 하는 것으로 유명한데 그 옷 또한 저렴한 브랜드의 옷들이다. 인간은 자신의 능력으로 갖지 못하는 것에 대해서는 소유하고 싶은 열망으로 가득 차지만 정작 그것을 언제든 가질 수 있게 되면 되레 흥미를 잃는다.

직장생활 7년 차인 박형배 씨(34세 미혼, E 건설 근무)에게 내 집 마련에 대해서 물었다. 그는 내 집 마련에 소극적인 태도를 보였다. 어쩌면 비혼으로 지내야 할 수도 있다고 생각했고 결혼을 하더라도 주택을 구입하기보단 평생 전세나 월세로 살면 된다고 여겼다. 그가 그런 생각을 하게 된 계기는 집값이 너무 비싸다는 것이 표면적 이유였지만, 사실은 몇 해 전에 결혼한 형에게 있었다. 형은 운 좋게 주택청약으로 주택을 분양받았는데 그 집의 중도금과 잔금 그리고 대출원금을 갚느라 맞벌이로 벌어들인 소득의 절반 이상을 쏟아붓고 있었다. 남들보다 빨리 내 집 마련에는 성공했지만 주택에 들어가는 돈 때문에 자녀계획도 당분간 미룬 상태다.

"저는 형처럼 매월 100만 원이 넘는 돈을 집에 넣을 자신이 없더라고요."

하지만 아직 미혼인 형배 씨가 결혼을 한다면 가계소득은 크게 늘어날 것이고 혼자 살게 된다고 하더라도 작은 주택을 목표로 하면 될 텐데 벌써부터 주택 구입에 이처럼 소극적인 이유는 무엇일까?

사실 그는 주택에 많은 자금을 넣을 자신이 없는 것이 아니라 주택자금에 많은 돈을 넣을 여력이 없는 것이다. 지금의 소비로는 저축을 꿈도 꾸기 어렵기 때문이다. 형배 씨의 월급은 세후 월 450만 원 정도. 하지만 얼마 전에 외제차를 타고 싶다는 생각에 B 사의 가장 작은 소형 차량을 구입했다. 월급의 3분의 1이나 되는 돈이 자동차의 할부금으로 나가는 것이다. 사정이 이렇다 보니 내 집 마련에 부정적인 태도, 정확히 말하자면 소극적인 태도를 갖게 된 것이다. 키가 180cm나 되는 그가 작은 차에서 타고 내리는 모습이 다소 어색하기도 하다.

직장생활 5년 차인 이유리 씨(33세 미혼, W 호텔 근무)에게도 내 집 마련에 대한 생각을 물었다.

"꼭 갖고 싶지만 집값이 너무 비싸서 현실적으로 불가능할 거 같아요."

그녀 역시 소극적이다. 다만 그녀는 내 집을 갖고 싶지만 현실적으로 불가능하다고 생각하는 듯 보였다.

다른 사례도 있다. 직장생활 5년 차인 주연 씨는 내 집 마련을 포기하고 소비에 집중했다. 월급 350만 원을 받는 주연 씨는 멋진 모임의 '핵인싸'를 꿈꾸며 거금 수백만 원을 들여 명품 코트와 명품 가방을 구입했다. 하지만 출근할 때 입기도 애매해 이 비싼 물건들을 걸치고 외출하는 날은 손에 꼽는 날이 됐다.

이처럼 부자 흉내를 내는 것이 멋지다는 생각이 들기보다는 왠지 안쓰럽다는 생각마저 들 때가 있다. 믿은 있는 척하는 것이 아니라 능력이 있어도 그 능력을 다 사용하지 않는 것에서 드러난다. 누구나 부러워하는 성공을 이뤘지만 자전거를 타고 출퇴근하는 부자, 수수한 옷차림에 직원들과 커피를 한잔하는 부자, 이런 부자가 진정으로 멋진 사람이다. 이제 상상 속 부자의 겉모습을 흉내 내려고 하지 말고 부자의 태도를 따라해보자. 그들의 생각, 그들의 작은 습관을 말이다. 우리가 기억해야 할 것은 자수성가형 부자들은 하나같이 똘똘한 한 채에 집중했다는 점이다. 집값이 너무 올라서 집을 못 사는 것이 절대 아니다.

(3-3)
아파트 한 채에 전 재산을 묶어도 괜찮을까?

　박현곤 씨(45세, 자영업)는 서울에서 큰 식당을 2개나 운영하는 요식업계 사장님이다. 일찍부터 사회생활에 뛰어들어 20년 넘게 장사에서 잔뼈가 굵었고 10년 전부터 부모님이 사업자금을 지원해주셔서 큰 식당을 열었다. 지금은 점포를 늘리고 그 어렵다는 요식업계에서 꽤 큰 성공을 이루었다. 게다가 아주 오래전에 강남에 있는 $82m^2$(25평) 아파트도 증여받았으니 부러움을 살 만하다. 하지만 재테크에 있어서는 큰돈을 많이 까먹었다고 말하는 현곤 씨, 그 이유는 무엇일까?

　그는 2004년에 부모님으로부터 증여받은 아파트에서 지금도 아내, 아이와 함께 전세를 살고 있다고 말했다. 증여받은 아파트에서 전세를 산다? 그건 또 무슨 말인가? 이야기를 들어본즉 현곤 씨는 2004년에 3억 원이 조금 넘는 아파트를 증여받았는데

2009년에 아파트 가격이 치솟자 그 아파트를 팔고 같은 아파트를 전세로 전환해 지금껏 살고 있었다. 아파트를 판 이유가 궁금해 물었다. 당시 그의 재산은 그 집이 전부였는데 3억 5,000만 원 정도였던 아파트가 6년 만에 9억 원까지 오르다 보니 내심 기분이 좋기도 했지만 겁이 덜컥 났다고 했다.

"2010년에 아파트가 9억 가까이 되더라고요. 너무 오른 것이 아닌가 싶기도 하고, 집 한 채에 이렇게 큰 돈을 묶어놓는 것이 아깝다는 생각이 들어 결국 아파트를 팔기로 결심했죠."

그는 집을 판 돈 중 1억 원은 새로운 가게를 여는 비용으로 쓰고, 2억 원은 제주도에 땅을 샀다고 한다. 자기 나름대로 분산 투자를 한 셈이다. 이제 와 돌아보면 새 가게에 들어간 1억 원은 대출을 받았다면 좋았을 것을, 자산을 부숴서 비용으로 써버린 셈이니 아쉬움이 남는 대목이다. 집을 팔지 않았어도 그 정도 금액은 저렴한 이자로 쉽게 융통할 수 있기 때문이다.

그보다는 제주도의 땅이 궁금했다. 지인의 지인을 통해 산 땅은 현재 아무런 건물이 없는 빈 땅이라고 했다. 승마공원과 가족 리조트 개발예정지라는 말만 듣고 투자한 것이다. 듣고 보니 임야나 다름없는 땅이다. 임야는 경제가치가 거의 '제로'에 가깝다. 현곤 씨가 그 사실을 안 것은 얼마 되지 않는다. 팔았던 그 집이 지금 17억 원 정도이니 그동안 10억 원이 훨씬 넘는 손실이 생긴 셈이다. 게다가 땅에 묶여버린 2억 원도 사실상 손실이라고 봐야 한다.

현곤 씨는 아파트에 돈이 묶이는 것을 걱정했지만 정작 아파트에 돈이 묶인 것이 아니라 아파트를 팔고 산 땅에 묶여버렸다. 흔히 부동산은 사면 돈이 묶인다고 하는데 사실일까?

자산이란 것은 소유자에게 연속적으로 현금 흐름을 발생시키는 것으로 시장에서 가격이 정해지고 거래가 가능한 것을 말한다. 쉽게 말하면 소유한 사람에게 계속해서 돈을 벌어주는 것이 곧 자산이다. 자산의 특징을 말할 때 반드시 거론하는 3가지 속성이 있는데 바로 안정성, 수익성, 유동성이다.

> **자산의 3가지 속성**
> ① 안정성: 투자 원금이 미래에 얼마나 안전하게 유지될 수 있는가?
> ② 수익성: 투자 원금 대비 미래에 얼마나 수익이 발생할 가능성이 있는가?
> ③ 유동성: 투자 원금이 미래에 얼마나 빠르게 현금화될 수 있는가?

이 3가지는 자산이 어떤 특징을 가지고 있는지를 보여준다. 물론 3가지가 모두 높은 자산이라면 더할 나위 없이 좋겠지만 시장에 그런 자산은 흔치 않다. 대표적인 자산을 가지고 그 속성을 알아보자. 바로 예금과 주식, 부동산이다.

먼저 예금은 언제든지 찾을 수 있고 원금손실이 생길 우려가 거의 없으니 유동성과 안정성이 매우 뛰어나다. 반면 금리가 낮으니 수익성은 좋지 않다고 볼 수 있다.

그렇다면 주식은 어떨까? 주식도 언제든지 팔아서 현금화할 수 있으므로 유동성이 좋고 높은 수익이 날 가능성도 있으니 경우에 따라 수익성도 좋다고 할 수 있다. 하지만 원금이 보장되지 않고 손실 리스크도 있어서 안정성은 좋지 않다.

부동산은 과거의 경험에 비춰볼 때 원금이 손실될 가능성은 낮아서 안정성은 어느 정도 좋다고 볼 수 있고 장기적으로 수익성도 괜찮아 보이지만 빠르게 현금화하는 데 한계가 있어 유동성은 좋지 않은 것으로 인식되어왔다.

대표적인 부동산이 토지(땅)인데 위치나 크기가 제각각 다르고 팔려는 사람과 사려는 사람도 소수여서 정확한 시장의 거래가격도 없다. 따라서 이것은 팔려는 사람의 입장에서 거래를 통해 현금화하는 데 상당한 시간이 걸린다. 다시 말해 토지를 보유한다면 돈이 묶이게 되고 유동성이 매우 떨어진다.

하지만 부동산 중에서도 주택은 이야기가 좀 다를 수 있다. 산속에 지은 전원주택이라면 앞서 말한 토지와 특징이 비슷하겠지만 도심의 주택, 그중에서도 특히 아파트와 같은 물건은 그 내용이 매우 동질적이고 균일하다는 특징이 있다. 아울러 위치와 크

— **3가지 대표 자산의 속성**

구분	안정성	수익성	유동성
예금	매우 높음	매우 낮음	매우 높음
주식	매우 낮음	높음	높음
부동산	높음	높음	낮음

기, 특징이 만인에게 널리 공개된 부동산이다. 따라서 시장에서 사려는 사람과 팔려는 사람이 다수이고 시장에서 거래가 활발하므로 가격이 정해지기 용이하다. 이런 특징 덕분에 아파트는 부동산임에도 유동성이 높아졌다.

시장의 분위기에 따라 차이는 있겠지만 아파트를 현금화하기 위해 시세대로 내놓는다면 매수자를 찾는 데 그리 시간이 오래 걸리지 않는다. 정말로 급해서 빨리 현금화해야 할 때는 급매로 시세보다 5~10% 정도 가격을 낮추어 내놓으면 어떤 상황에서도 금세 매수자가 나타난다.

따라서 아파트에 돈을 투자한다고 해서 절대 돈이 묶이는 것이 아니다. 다른 부동산처럼 돈이 묶인다고 생각하는 것은 맞지 않다. 현재 서울 신축 아파트의 전세 가격이 매매가의 70%에 육박하는 것을 보면 더욱 그렇다. 집을 보유하지 않고 전세로 거주한다고 하더라도 집값의 70%가 들어가기 때문에 집을 보유하는 것 자체가 돈을 묶는다는 표현은 과장된 말인 것이다.

> 3-4

둘이 모으면
얼마나 모을 수 있을까?

몇 해 전에 만났던 최지아 씨(35세, 외국대사관 근무)는 중산층 가정에서 태어나 안정적인 환경에서 자랐으며, 대사관에서 근무하는 사람답게 외국어에 능통하고 당찬 직장인이었다. 그녀는 지난 7년 동안 주말이나 휴일에도 틈틈이 번역 아르바이트를 하고 있는데 아르바이트를 하는 이유가 참 독특하다. 아르바이트를 해서 모은 돈으로 여행이나 문화생활비 등을 충당하고 있기 때문이다. 그녀의 월급 정도라면 당장 혼자 쓰기에는 모자라진 않을 텐데 굳이 아르바이트까지 하며 여행비나 문화생활비를 따로 만드는 이유는 무엇일까?

"제 목표는 서울에 반드시 내 집을 마련하는 거예요."

그녀는 자신의 목표를 이렇게 밝혔다. 결혼을 할지 안 할지 지금으로서는 모르겠지만 멋진 집에 사는 것이 오랜 꿈이라고 말하는 그녀. 예전 같으면 결혼할 때 신랑이 집을 마련하고 신부는 혼수를 해결하면 됐지만 지금은 집값이 워낙 높다 보니 결혼비용도 경우에 따라 'n분의 1'로 하는 분위기라고 말한다. 이런 목표를 이루고자 열심히 돈을 모으고 있지만 그 때문에 자신이 좋아하는 여행이나 문화생활에 지출할 여유가 도무지 생기지 않았다고 한다. 그래서 생각해낸 것이 바로 아르바이트였다. 충분한 저축을 하면서도 여가생활을 누리기 위한 아이디어다.

저축보다는 일단 쓰고 보자고 생각하는 젊은이도 많은데 그녀의 생각은 참 남다르다. 서른 중반의 나이에 월급과 아르바이트로 많게는 월 500만 원가량 벌고 있지만 그런 그녀도 내 집 마련이라는 숙제는 부담스러운 듯 보였다. "어떤 집에 살고 싶나요?"라는 물음에 그녀는 이렇게 답했다.

"서울의 아파트면 좋겠어요. 강남권이면 더 좋고요."

사실 그녀의 연봉은 나이에 비해서 결코 낮은 편은 아니다. 그렇지만 앞으로 평생 일을 할 생각인 그녀에게조차 서울의 아파트는 '넘사벽'처럼 느껴지는 눈치다. 결혼을 한다면 배우자가 생길 텐데, 같이 벌면 충분하지 않겠냐고 물었다. "그렇겠죠! 근데 배우자 소득이 얼마인지 모르니…하하." 몇 번의 소개팅으로 잠깐 만났던 사람은 있었지만 아직 결혼 대상자는 만나지 못했다는 그녀, 그래도 3년 안에는 결혼하고 싶다는 말을 했다.

지아 씨가 내 집 마련이라는 뚜렷한 목표를 세우고 있다는 점은 바람직하다. 하지만 그 생각이 좀 더 구체적인 목표와 계획으로 이어지지 못하는 이유는 아직 결혼할 배우자를 만나지 못했기 때문이다. 그녀의 말대로 미래 배우자가 정해진다면 두 사람의 소득을 고려해서 좀 더 명확한 주택 마련 계획을 세울 수 있을 텐데 그렇지 못하다 보니 내 집 마련이라는 목표가 막연해지고 마는 것이다.

당연한 이야기겠지만 똘똘한 한 채 마련에 빠르게 성공한 사람들은 하나같이 남들보다 내 집 마련 계획을 일찍부터 시작한 사람들이다. 그리고 똘똘한 한 채는 맞벌이의 소득 시너지를 주택에 집중한 결과다. 아직 결혼할 배우자를 만나지 못했지만 그녀의 미래 배우자의 소득은 얼마나 될까? 사실 이 문제의 답은 거의 정해져 있다. 언젠가부터 우리 사회에 자리 잡아온 경제적 동질혼同質婚이라는 문화 때문이다.

윤지현 씨(31세, 행정직 공무원)는 1년 정도 만난 남자친구를 부모님께 소개했다가 한바탕 큰 소동을 치렀다. 당장 결혼을 하겠다는 것도 아닌데 부모님은 우연히 만난 자리에서 대놓고 싫은 내색을 하시더니 나중에는 그녀에게 헤어지라는 불호령까지 내렸기 때문이다. 겉으로 말씀하시는 반대 이유는 그녀가 아직 결혼할 나이가 아니라는 것이었지만 사실은 공무원으로서 안정적인 직장을 다니는 딸이 미래가 불안한 사람을 만나는 것 자체에 불편한 심기를 드러내신 것이다. 그녀의 남자친구는 다니던 직장을 그만두고 얼마 전 친구와 작은 유통사업을 시작했는데 지금과 같은 불경기에 소자본으로 창업한 미래 사윗감을 달가워할 부모는 많지 않을 것이다.

　결혼을 통해 두 사람이 한 가정을 꾸리고 안정적으로 자립하려면 당연히 경제적인 문제가 중요하다. 따라서 요즘은 부모님뿐만이 아니라 결혼 당사자들 간에도 결혼할 배우자를 고를 때 가장 중요하게 생각하는 부분이 바로 경제 수준의 유사성이다. 그래야만 경제적인 가치관과 추구하는 목표가 비슷해서 결혼이 좀 더 안정적일 수 있기 때문이다. 이것이 동질혼의 가장 핵심적인 내용이다.

　이런 경제적인 동질혼 문화는 평생 한 번뿐인 결혼을 통해 자신의 행복을 지키는 데 있어서 리스크를 최소한으로 하려는 데서 출발했다고 볼 수 있다. 따라서 연간소득 6,000만 원 정도의 젊은 직장인인 최지아 씨의 미래 배우자는 이런 범주에서 보자면 거의 정해져 있다고 볼 수 있다. 그녀에게 결혼할 배우자의 나이는 몇 살까지 괜찮은지 물었다. "글쎄요. 마음만 잘 맞는다면 한두 살 연하도 괜찮을 것 같고 위로는 서너 살 정도?" 결혼 적령기를 맞은 여성 중 95%가 이런 대답을 한다. 그리고 실제로 대부분이 자신이 생각했던 나이대의 배우자를 만난다.

　그렇다면 미래 배우자의 소득은 어떨까? 이것도 마찬가지다. 필자가 지난 13년간 1,000명이 훌쩍 넘는 2030들을 인터뷰했는데 배우자 간 소득은 크게 차이가 나지 않았다. 여성의 경우 남성 배우자의 소득은 자신의 소득을 기준으로 90~140% 사이인 경우가 95% 이상이었고, 남성의 경우 여성 배우자가 자신의 소득을 기준으로 70~110% 사이인 경우가 대부분이었다. 이것은 일정한 표본으로 정확히 통계를 낸 수치는 아니지만 장기간 관찰을 통해서 알게 된 내용이다. 아마 통계를 낸다고 하더라도 이와 유사한 수치가 나올 것이다.

> **미래 배우자의 소득 예측**
> - 남성: 본인 소득 × (0.7 ~ 1.1), 신뢰 구간 95%
> - 여성: 본인 소득 × (0.9 ~ 1.4), 신뢰 구간 95%

그렇다면 3년 후 결혼할 최지아 씨의 미래 배우자 소득은 어떻게 예측할 수 있을까? 연간소득 5,400만 원에서 8,400만 원 사이에서 결정될 확률이 95% 이상이라고 볼 수 있다. 평균적으로 생각해보면 그녀의 배우자 소득은 6,900만 원 정도다. 따라서 최지아 씨가 결혼할 때 부부의 가구소득은 연간소득 1억 2,900만 원, 세전소득으로 월 1,075만 원이 된다. 이제 다시 생각해보자. 3년 후 가구소득이 1,075만 원인 신혼부부에게도 서울의 아파트는 넘사벽일까? 분명 그렇지 않을 것이다.

3-5
똘똘한 한 채 마련을 방해하는 '오적'이란?

앞서 언급한 것처럼 집값이 높게 올라가는 동안 소득도 많이 오른 것은 엄연한 사실이다. 다만 요즘은 올라간 소득을 과거처럼 내 집 마련에 집중하지 못한 결과 '똘똘한 한 채'를 마련하는 데 어려움을 겪는 경우가 많다. 그렇다면 무주택자인 당신이 원하는 시기에 내 집 마련을 하지 못하도록 하는 걸림돌은 무엇일까? 당신의 '똘똘한 한 채' 마련을 방해하는 오적五賊을 알아보자.

> **똘똘한 한 채 마련을 방해하는 오적**
> ① 육아로 인해 줄어드는 맞벌이 기간
> ② 소득 대비 높은 전세자금(전세자금대출)
> ③ 소득 대비 높은 차량유지비와 여가생활비
> ④ 자녀 출산 후 시작하는 주택 마련 계획

> ⑤ 주택을 자산이 아니라 소비재로 생각하는 인식

첫 번째 적, 육아로 인해 줄어드는 맞벌이 기간

박지연 씨(32세, H 광고사 육아휴직)와 김정균 씨(32세, A 애드 차장)는 올해 3세 된 아들과 10개월 된 된 딸을 키우는 부부다. 지연 씨는 시어머님이 육아를 도와주시기로 했던 계획만을 믿고 출산 후 바로 복직하려고 했으나 계획이 갑자기 무산되면서 휴직이 길어진 경우다. 미혼인 시동생이 서울로 취업하면서 시어머님이 시동생과 함께 거주하며 첫 아이를 봐주시기로 했는데 시동생이 지방으로 발령받는 바람에 계획이 꼬이고 만 것이다. 게다가 생각보다 빨리 둘째가 생겨버렸다. 그러면서 복직이 더 미뤄졌다.

부부는 아이를 키울 거라면 빨리 낳아 키우는 것도 나쁘진 않다고 위안을 삼았다. 하지만 원래 계획보다 육아휴직이 길어지면서 내 집 마련 계획은 큰 타격을 입었다. 부부는 경기도의 신축 아파트를 분양받아 2년 후에 입주를 앞두고 있는데 맞벌이를 해서 중도금을 대출 없이 감당할 계획이었으나 외벌이 기간이 길어지면서 계획 수행이 어려워진 것이다.

부부의 최종 내 집 마련 계획은 2년 후 입주하게 될 경기도 아파트에 일정 기간 살다가 서울로 입성하는 것이다. 그러기 위해 대출은 거의 없이 입주하고 아이가 자라는 동안 돈을 좀 더 모아 서울로 다시 이사를 가려는 계획을 세웠다. 그러나 휴직이 6개월에서 갑자기 2년 6개월을 넘어가면서 중도금을 고스란히 대출해야 할 형편이 된 것이다.

지금으로서는 분양받은 아파트도 2년 후 전세를 주어야 할 상황이고 입주도 불가능하다. 그도 그럴 것이 신혼 초에 부부는 두 사람 중 한 사람의 소득을 훨씬 넘는 월 450만 원을 모았지만 지금은 거의 저축을 하지 못하고 있는 형편이다.

과거에 비해 결혼한 여성 직장인의 육아휴직이 자유롭다고 하지만 그래도 휴직 기간이 길어지면 경력이 단절될 뿐만 아니라 자신의 커리어에도 불리하고 무엇보다도 경제적인 부분에서 절대적인 손실이 생긴다. 지연 씨 본인이 말하길 지연 씨와 비슷한 직장동료 중 같은 나이대의 자녀를 키우면서도 6개월과 10개월, 단 2회의 육아휴직 후 복직한 사례가 있다고 하는데 자신은 좀 더 꼼꼼한 사전계획으로 육아휴직 기간을 최소화하지 못했던 점이 가장 아쉽다고 말했다.

육아를 하느라 맞벌이 시간이 줄어들 확률을 최소화하는 것은 매우 중요하다. 주택계획 때문에 자녀계획 자체를 포기할 수는 없지만 이 시간이 똘똘한 한 채 마련을 위한 자금 형성의 '골든타임'이라는 것을 간과해서는 안 될 것이다.

두 번째 적, 소득대비 너무 높은 전세자금

이형철 씨(34세, S 화학 근무)와 조시연 씨(34세, 초등교사)는 1년 전에 결혼했다. 신혼집 전세금인 4억 5,000만 원 중 2억 2,000만 원을 대출받아 아파트에서 거주 중이다. 부부의 월평균소득은 900만 원 정도. 그런데 얼마 전부터 형철 씨는 매월 납입하는 전세대출 이자가 신경 쓰이기 시작했다. 지난 1년을 되돌아보니 매월 80만 원이라는 비용이 그냥 사라지는 것이 왠지 불편하게 느껴진 것이다. 물론 부부의 소득이 낮은 편은 아니지만 내 집 마련의 갈 길이 멀다는 점을 고려하면 신혼집을 조금만 줄였더라면 하는 아쉬움이 드는 대목이다.

처음에 부부는 신혼집에 많은 돈을 투자하지 않기로 했다. 대출에 들어가는 비용을 아껴 미래에 내 집 마련 시기를 앞당기기 위해서였다. 현명한 생각이었다. 하지만 두 달 정도 먼저 결혼한 신부의 친한 친구 결혼식과 집들이를 다녀오고 나서 생각이 바뀌었다. 깔끔한 친구의 신혼 아파트를 보고 일단 대출을 받아서라도 아파트에서 신혼생활을 시작하기로 한 것이다. 친구의 결혼식과 신혼집을 직접 지켜보면서 부부의 눈높이가 높아진 탓이다.

신혼집이 당초 계획한 투룸형 주택에서 아파트로 변경되면서 혼수 자금도 계획한 비용을 훨씬 초과했다. 그 때문에 생각지도 못한 전세자금대출을 받게 됐다. 내 집 마련에 좀 더 구체적이고 명확한 목표를 세웠더라면 이런 갑작스러운 계획 변경이 없었겠지만 모든 것을 처음 경험하는 신혼부부에게 장기적인 안목을 기대하는 것은 무리다. 결혼 초에 가지고 있던 2억 원 정도의 목돈으로 남의 눈을 의식하지 않고 당초 계획대로 대출을 줄였다면 결혼비용도 줄이고 매월 80만 원 넘게 나가는 이자도 그대로 저축하며 내 집 마련 시기를 좀 더 앞당길 수도 있었을 텐데 말이다.

똑똑한 한 채 마련은 시간과의 싸움이다. 소득과 집값, 생활비 모두 빠르게 상승하지만 소득보다는 집값과 생활비가 더 빠르게 올라가기 때문이다. 따라서 무주택자의 경우 결혼 초기에, 특히 자녀가 취학하기 전에 주택에 얼마나 적은 돈을 투여하느냐가 내 집 마련을 앞당기는 열쇠가 된다. 반대로 말하자면 소득 대비 너무 높은 전세금이나 전세자금대출은 그만큼 똑똑한 한 채 마련을 방해하는 걸림돌이 될 수 있음을 명심하자.

여러 가지 경제 상황을 보아야 하겠지만 일반적으로 신혼부부라면 가구 연간소득의 3배를 넘지 않는 것이 좋다(서울 외 지역은 2배). 이 부부의 3년 전 결혼 당시 소득인 700만 원을 기준으로 보자면 전세금 2억 1,000만 원 수준의 신혼집을 구했을 경우 전세대출은 아예 없고 그만큼 자본을 빨리 모았을 수도 있었을 것이다.

> **신혼부부의 최초 적정 전세금**
>
> • 서울권: 부부 연간소득의 3배 이하
> • 서울 외: 부부 연간소득의 2배 이하

세 번째 적, 소득 대비 높은 차량유지비와 여가생활비

얼마 전 친척 결혼식에 갔다가 주차장에서 우연히 사촌 동생 부부를 만났다. 필자와 나이가 15세도 넘게 차이가 나는 사촌 동생은 늦은 결혼으로 이제 막 아이 하나를 낳았다. 오랜만에 만나 반갑게 인사를 나누고 결혼식장으로 향하는데 필자의 아내가 흠칫 놀라며 귓속말로 속삭였다. "어머나, 차가 벤츠야."

사촌 동생 부부가 타고 온 차를 말하는 듯 보였다. "요즘 길에 널린 것이 외제 차인데 뭐가 이상하다고, 참." 혼잣말을 했지만 약간은 의외였다. 사촌 동생 부부는 현재 아이 육아로 외벌이인 상태인 데다 아직 전세로 살고 있고 사촌 동생도 월급이 그리 많지 기업에서 직장 생활을 하고 있기 때문이다.

그러고 보면 요즘 길거리에는 부쩍 외제 차가 눈에 많이 띈다. 국산 차가 그만큼 비싸져서일까? 그보다는 차량 소유 기준과 눈높이가 높아진 탓이다. 저 정도의 차량이라면 장기금융으로 샀다고 해도 월 100만 원은 족히 들어갈 것이고 거기에 만만치 않은 유지비까지 고려해야 한다. 아이 육아에 생활비까지, 사촌 동생 부부는 아마 저축은 엄두를 내지 못할 것이 분명하다.

사실 앞서 언급한 이형철 씨와 조시연 씨 부부도 결혼하고 얼마 되지 않아 낡은 중고차를 새 차로 바꿨다고 했다. 아이고, 한숨부터 나온다. 그런데 이 집도 벤츠다. 그러고 보면 아이도 없는 젊은 부부에게 월평균소득 900만 원은 제법 쓸 만한 돈이다. 전세자금대출 이자로 월 80만 원 정도가 나가지만 교육비도 큰 생활비도 아직은 나가지 않으니, 집보다는 우선 손쉽게 행복감을 높일 수 있는 것은 차량이 된다. 예쁜 신혼집에 살면서 주말마다 교외로 드라이브를 가거나, 시내 나들이를 갈 때 멋진 외제차에서 내리는 모습은 상상하는 것만으로도 즐겁기 때문이다.

하지만 할부금과 보험료에 세금과 유지비까지, 새 차를 집에 들이고 나서 부부는 엄청난 지출을 감수하고 있다. 형철 씨에게 차량유지비를 확인해봤다.

세부 내역

일시금	1,000만 원
취등록세	507만 원
월 할부금	115만 1,521원 (연 1,381만 원)
월 보험료	10만 2,350원 (연 122만 원)
월 세금	4만 원 (연 48만 원)
월 주유비	20만 원
월 이자(신용)	5만 3,750원
월 감가비용(차량 가격의 1%)	72만 원 수준
월 유지비	154만 7,621원
감가를 감안한 월 유지비	226만 7,621원

벤츠 E클래스 구입가는 7,245만 원. 신용대출로 1,500만 원을 받아 취등록세와 보증금을 내고 나머지는 5년 할부로 해서 매월 115만 원의 할부금을 내고 있다. 또 보험료와 세금 월주유비 등을 더해보니 매월 154만 원이 넘게 지출되고 있다. 하지만 중요한 건 차는 자산이 아니라는 점이다. 가격이 매년 하락하고 평균 5년을 타면 차량 가치의 60%는 사라진다. 따라서 매월 1%의 감가비용도 감안해야 한다. 그렇다면 월 유지비는 226만 원인 셈이다.

전세자금대출까지 합하면 부부는 자산이 아닌 주거와 차량에 월 300만 원이 넘는 돈을 쓰고 있다. 1년이면 3,600만 원이 넘는 돈이 그냥 흘러나가는데 연간 소득의 30%를 훌쩍 넘는 금액이다.

개인마다 취향이 다르고 남다른 라이프 스타일이 있다고 하지만 내 집 마련이라는 중요한 숙제에 집중해야 하는 시기에 소득에 비해 과도한 차량유지비와 여가생활비를 지출하는 것은 문제임이 틀림없다. 그렇다면 적절한 차량구입비용은 어느 정도인가?

사람마다 생각이 다르기 때문에 한 가지 기준으로 말하기는 조심스러우나 수도권에서 똘똘한 한 채라는 숙제를 제때 끝내려면 다음과 같은 원칙이 필요하다. 차량에 들어가는 비용, 즉 교통비는 가구소득의 5%가 적절하며, 특수한 경우라도 반드시 7%를 넘지 않는 것이 바람직하다. 따라서 형철 씨 부부도 내 집 마련이라는 목표가 있다면 최대치로 생각해도 차량유지비(교통비)는 소득의 7%인 월 63만 원 이내로 제한했어야 한다. 이 기준으로 보자면 부부는 무려 3배 이상의 차량유지비를 쓰고 있는 셈이다.

> **내 집 마련의 목표가 있는 경우의 적절한 차량유지비**
>
> • 미혼(1인 가구): 소득의 5% 이내
> • 기혼(자녀 포함): 소득의 7% 이내

네 번째 적, 자녀 출산 후 시작하는 주택계획

2030 젊은 세대가 내 집 마련에 집중하지 못하는 이유는 소득이 낮은 시기에는 무조건 저축이 힘들다고 생각하기 때문이다. 그리고 나중에 소득이 올라가면 그때 저축을 늘리겠다는 생각을 가지고 있기 때문이다.

신입사원 시절부터 알고 지낸 이종민 과장(39세, H 중공업 근무), 얼마 전 반가운 승진 소식을 전하면서도 웬일인지 씁쓸한 웃음을 지었다. 월급이 100만 원 정도 올랐는데 아이가 영어유치원에 입학하게 되면서 오히려 월 가계부에서는 50만 원 정도 적자가 날 것 같다는 것이었다. 이 과장도 신입사원 시절에 지금은 월급이 적어서 저축을 하지 못하지만 과장이나 차장 이상으로 승진하면 더 많이 저축할 것이라고 호언장담했다. 하지만 현실에서는 그때가 오히려 가처분소득이 더 높았음을 지금에야 깨닫는 것이다.

한 달에 500만 원을 버는 집이나 2,000만 원을 버는 집이나 결혼하고 10년 정도가 지나면 단 한 푼도 저축할 여유가 없기는 매한가지다. 500만 원을 버는 사람은 그렇다고 쳐도 2,000만 원을 버는 사람은 왜 저축을 하지 못하는 것일까? 한 달에 2,000만 원을 버는 집 정도면 차량은 무조건 2대다. 또 소득이 이 정도인 집의 자녀들은 십중팔구 대한민국에 없다. 모두 해외에서 학교를 다닌다. 소득이 올라가면 소비도 올라간다는 것은 당연한 논리겠지만 이것은 주로 자녀교육이 본격화되면서 일어나는 일이다.

따라서 주택 마련을 위한 집중적인 저축 시기는 소득이 높아진 이후가 아니라 자녀 출산과 본격적인 교육 이전이 돼야 한다. 절대소득이 낮더라도 마찬가지다. 700만 원을 버는 맞벌이 부부는 지금 마음을 먹으면 400만 원 정도 저축할 수도 있지만 아이가 태어나고 학교에 다니기 시작하는 시기가 되면 소득이 더 높아져도 400만 원을 저축하기 힘들다.

다섯 번째 적, 주택을 소비재로 생각하는 인식

필자의 큰 누님은 30년 넘게 독일에 거주하고 있다. 얼마 전 대한민국의 주택 이야기를 들려주었더니 놀라는 기색이 역력했다. 누님은 독일에 집을 보유하고 있지만 독일 젊은이의 대부분이 굳이 큰돈을 들여 집을 사기보다는 장기간 빌려서 사용하는 경우가 많다고 한다. 유럽은 모기지가 발달돼 있어서 집을 소유하지 않고도 장기간 낮은 비용으로 거주가 가능하다. 주택 가격이 지속적으로 급격하게 올라갈 일이 없기 때문이다. 장기적으로 가격이 오르지 않는 자산을 소유하려는 사람은 많지 않다.

이런 것이 가능한 이유는 근본적으로 주택에 대한 수요가 분산돼 있기 때문이다. 도시와 농촌이 고르게 발달했고 인구가 많은 대도시도 전국에 고르게 분포하고 있다. 일정 수준의 경험과 능력으로 전국 어디서나 비슷한 수준의 일자리를 구할 수 있다. 국토 전반에 걸쳐서 경제가 활성화된 지방 도시들이 존재하기 때문에 가능한 일이다. 이런 환경이라면 주택은 당연히 소비재가 된다.

하지만 우리나라는 상황이 매우 다르다. 우리나라는 전체 국토 면적에서 도시 면적이 차지하는 비율이 16.5%에 불과하지만 전체 인구의 92.1%가 도시에 거주한다. 또 도시인구의 증가세는 과거에 비해 많이 완화됐다고 하더라도 도시인구는 여전히 늘고 있는 추세다. 이런 인구의 도시 집중화 현상은 그동안 도시의 주택 가격을 꾸준히 높이는 결과를 가져왔고 특히 보안이나 편의성이 높은 공동주택은 매우 높은 가격 상승률을 이어왔다.

우리나라와 같이 수도권과 도시 집중 현상이 뚜렷한 곳은 당연히 도심의 주택이 자산이 된다. 앞서 언급한 몇몇 유럽 국가의 경우 주택은 소유보다는 거주 대상이라는 개념이 강하고 모기지가 발달해 소득의 10~20% 정도의 비용을 내면 평생 안정적으로 주거를 해결할 수 있지만 현실적으로 우리나라는 그렇지 못한 실정이다. 따라서 우리나라에서 평생 주택을 소유하지 않고 빌려 쓰겠다는 생각은 바람직하지 않다.

결혼 후 15년, 싱글은 50세 전까지 내 집 마련 끝내라
자금 목표는 결혼 전부터 만들라
지역, 크기, 형태 빅픽처는 일찍 그려라
종잣돈은 정기적금이 기본이다
집은 현금으로 사지 말라
청약저축으로 디딤돌을 만들라

(4장)

똘똘한 아파트 한 채를 위한 플랜 6가지

> **4-1**

결혼 후 15년, 싱글은 50세 전까지 내 집 마련 끝내라

대한민국에서 아파트가 있다면 주거 안정은 물론이고 비상시 어느 정도 자산으로서의 역할도 기대할 수 있다. 집을 팔지 않아도 대출을 받아 자금을 융통할 수도 있고 집을 줄여 일부 노후소득으로 활용할 수도 있기 때문이다. 따라서 우리나라에서 아파트는 부동산이 아니라 현금이라고 봐도 손색이 없다.

> **아파트는 부동산이 아니다**
> - 아파트는 준準현금이다

하지만 아파트 하나가 모든 것을 해결해줄 수는 없는 법. 평생 벌어 달랑 집 한 채만 가지고 은퇴할 수는 없는 노릇이다. 그래서 내 집 마련 숙제는 무한정 미룰 수 없으며 시간 목표를 분명하게 세워야 한다. 어떤 일이든 시간 목표가 없다면 숙제는 계속 미뤄지기 때문이다. 내 집 마련이라는 숙제는 과연 언제까지 끝내야 하는 것일까?

여기서 내 집 마련 숙제를 끝낸다는 것은 '내 집의 대출이 20% 이하인 경우'를 말한다. 5억 원짜리 집이라면 내 소유지분이 4억 원은 돼야 진정한 집주인이라고 할 수 있다는 뜻이다. 대출이 20% 이하라면 앞으로 집을 소유하고 유지하는 데 큰 부담이 되지 않기 때문이다. 이 정도의 대출비율이라면 여유자금이 생긴다고 해도 낮은 이자율의 주택대출을 강박적으로 상환하는 것보다는 더 좋은 투자처에 대한 확신이 있다면 그 돈을 다른 곳에 투자하는 것도 좋다.

누구나 처음부터 100% 내 돈을 주고 집을 사는 경우는 드물다. 필자는 강의 때마다 농담 반 진담 반으로 집은 뮤추얼펀드다, 절대 혼자 사려고 하지 말라고 말한다. 내 돈, 배우자 돈, 양가 부모님의 돈 그리고 은행의 돈까지 합해서 사는 것이라고 말한다. 따라서 내 집이라고 해도 모두 진정한 집주인은 아니다.

그렇다면 일단은 대출을 받아 산 집에서 언제까지 진짜 집주인이 돼야 하는 걸까? 앞서 언급한 대로 노후준비도 필요하기 때문에 대출이 많은 집을 언제까지나 그대로 둘 수는 없다. 결혼을 한다면 늦어도 결혼 후 15년 이내에, 싱글이라면 50세 전까지는 진정한 집주인이 돼야 한다. 그래야 은퇴 전까지 부족한 노후준비를 보완할 수 있다.

> **진정한 집주인으로 완결해야 하는 시간 목표**
>
> • 기혼자: 결혼 후 15년 이내
> • 비혼자: 50세 이내(사회적 정년 15년 전까지)

내 집 마련을 위한 골든타임이 결혼 후 15년인 이유는 무엇일까? 지금까지 수많은 직장인을 만나보았지만 소득은 그야말로 천차만별이다. 월평균소득 300만 원부터 3,000만 원까지 정말 다양한 사람이 있다. 그런데 소득이 높고 낮음을 떠나 대한민국에 사는 사람이라면 누구나 결혼 후 15년이 지나면 저축을 하기 힘들다. 소득이 늘어날수록 소비하는 금액이 크게 올라가고, 특히 교육 관련 비용이 갑자기 증가하기 때문이다.

자녀가 중고등학교에 입학할 즈음이면 저축은 아예 불가능해진다. 이것은 월평균소득이 3,000만 원이라도 예외는 아니다. 실제로 필자가 만났던 전문직 맞벌이 부부 중 월평균소득이 3,000만 원이지만 한 푼도 저축하지 못하는 경우가 있었다. 얼핏 보기에는 이해가 잘 안될 수도 있다. 하지만 소득이 이 정도면 소비 또한 상상을 초월할 정도로 높다. 소득의 높고 낮음과 무관하게 결혼 후 15년까지가 내 집 마련을 위해 집중할 수 있는 시기인 것이다.

그렇다면 평생 싱글로 살아가는 경우는 어떨까? 이런 경우는 내 집 마련에 대한 부담이 훨씬 적은 듯 보인다. 자녀에 대한 경제

— 주택 자금 마련을 위한 골든타임

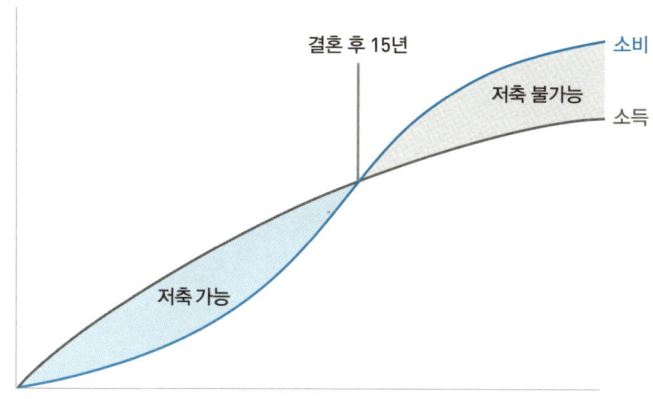

적 부담이 없고 집의 규모도 3인 이상이 생활하는 80~100m²까지 넓힐 필요가 없기 때문이다. 하지만 현실은 그렇지 않다. 싱글은 똘똘한 아파트 한 채를 만드는 데 오히려 불리한 점이 더 많다. 결혼한 경우보다 더 집중하지 않으면 목표 달성이 만만치 않다.

첫째, 결혼한 경우 맞벌이가 가능하지만 싱글은 그에 비해 소득이 낮다. 둘째, 우리나라는 대체로 작은 집일수록 면적 대비 집값이 비싸다. 그도 그럴 것이 소형 아파트는 늘어나는 수요에 비해 아직까지 공급이 부족하기 때문이다. 3인 이상 가구가 거주하는 80~100m²의 딱 절반인 40~50m² 아파트는 찾아보기 힘들다. 반드시 아파트여야 하는데 이렇게 작은 아파트는 없으니 혼자라도 결국은 60~70m² 크기의 아파트를 사야 한다. 싱글이 혼자 벌어서 좋은 지역에 60~70m² 크기의 아파트를 마련 하기란 맞벌이 부부가 80~100m² 크기의 주택을 마련하는 것보다 훨씬 어렵다.

셋째, 평생 싱글로 생활하는 경우 자녀교육비는 들어가지 않을지 몰라도 본인의 취미나 레저에 투자하는 비용이 크게 늘어난다. 자녀를 키우는 부부들은 많은 교육비를 지출하면서 시간과 노력을 자녀에게 들이지만 그만큼 취미나 레저에 드는 비용이 적다.

> **싱글이 똘똘한 한 채 마련이 어려운 이유**
>
> ① 결혼한 맞벌이에 비해 소득이 낮다
> ② 60~70m² 크기의 주택이 가장 비싸다
> ③ 취미나 레저에 대한 비용이 증가한다

따라서 싱글이라고 하더라도 내 집 마련은 경제활동이 중단될 수도 있는 사회적 정년 65세의 15년 전인 50세까지는 끝내야 한다. 대출을 받아 일찍 집주인이 됐다고 하더라도 늦어도 그때 까지는 대출을 어느 정도 갚아 진정한 집주인이 돼야 한다는 것이다.

― 플랜 ① 내 집 마련 골든타임 만들기(무주택자의 경우)

구분	골든타임	남은 기간	비고
미혼 □ 기혼 □	년 월	년	

(4-2)

자금 목표는
결혼 전부터 만들라

　많은 사람이 적극적으로 내 집 마련을 위해 집중하는 동안 망설이며 시간을 허비하는 사람들도 많다. 바로 자신에게 맞는 똘똘한 아파트 하나에 대한 '자금 목표'가 없기 때문이다. 언제까지 내 집 마련을 끝내야 하는지 확인했다면 이제는 자신의 소득 중 어느 정도를 내 집 마련에 쏟아부어야 하는지 자금 목표를 만들어 보자. 처음부터 그 부분을 명확하게 하지 않는다면 똘똘한 아파트 한 채를 내 집으로 마련하는 데 성공하지 못할 것이다.
　그렇다면 얼마나 비싼 집을 사야 미래에 경제적으로 손해가 없는 것일까?
　결론은 단순하다. 과거 대한민국의 주택 가격은 단기적으로는 상승과 하락을 반복했지만 장기적으로는 그 어떤 자산보다도 높은 상승률을 보여왔고 2015년부터는 가격이 양극화돼 상위 지역일수록 상승률이 높았다. 앞으로 30년은 이런 추세에 큰 변화는 생기지 않을 것이다. 그렇다고 마냥 상위 지역에 비싼 집을 사겠다고 덤벼서도 안 된다. 소득에 비해 무리하게 비싼 집에 도전한다면 대출을 상환하는 데 지나치게 긴 시간이 걸릴 수 있다. 주택이 아무리 자산의 성격이 강하다고 하지만 아무런 준비 없이 주택 하나만 가지고 은퇴를 맞이할 수는 없기 때문이다. 또 현재의 소비생활도 어느 정도는 고려해야 한다.

반면 소득 수준에 비해 너무 낮은 집을 선택한다면 안정적인 미래에 자산이 돼야 할 돈마저 당장의 소비로 흘러가 버릴 수 있다. 이렇게 되면 은퇴 이후에 자신의 소득 수준과 비슷한 다른 사람들에 비해 상대적 자산가치가 매우 낮아질 수도 있다. 따라서 최소한의 기준은 가지고 있어야 한다. 이제부터 그 기준을 알아보자.

결혼 전부터 소득의 50%는 내 집 마련을 위해 사용하기

직장생활을 이제 막 시작한 사람이라면 가장 이상적인 저축률은 40~50% 정도다. 물론 월급의 절대액이 너무 적어 고정비(교통, 통신, 중식비 등) 비율이 높을 수밖에 없는 상황이라면 불가능하겠지만 월평균소득이 300만 원이 넘고 월급에서 주거비용(전세자금대출

이자, 월세)이 별도로 들어가지 않는다면 50% 이상은 반드시 실천해야 하는 저축률이다. 보험이나 장기 저축 등 5%를 제외하면 최소 45%는 결혼과 내 집 마련을 위해 저축해야 한다.

다시 말해 월급 350만 원을 받는 신입 직장인이라면 월급의 50%인 175만 원 이상을 저축해야 하고, 그중에서 결혼자금이나 내 집 마련을 위한 저축은 최소한 월평균소득의 45% 수준인 157만 원은 돼야 한다는 말이다. 정기적금으로 했을 경우 5년 후에 1억 원 정도를 모으는 속도다.

이런 저축은 직장생활을 시작한 시점부터 실행해야 한다. 처음에 소득의 60~70%를 쓰고 100만 원만 저축하던 사람이 한참 지난 후 정신을 차리고 50% 저축을 해보려고 해도 그러기가 쉽지 않기 때문이다. 결혼자금과 내 집 마련을 위한 저축은 결국 같은 개념이다. 결혼자금 중 80% 이상이 전세자금이고 이 돈은 훗날 내 집 마련의 종잣돈이 되기 때문이다.

내 집 마련을 위한 최소한의 저축 계획

- 월평균소득의 최소 50% → 결혼자금과 내 집 마련 저축
- 월평균소득의 5% → 보험료, 기타 저축

*내 집 마련 저축 = 결혼자금 저축(결혼자금 80% 이상이 주택자금)

월평균소득의 50%를 결혼자금과 내 집 마련에 사용해야 한다는 말은 내 집 마련에 50% 이상은 쓰지 말라는 뜻이 아니다. 소득

이 매우 높아서 또는 여러 이유로 소비를 더 낮게 유지할 수 있다면 더 많은 돈을 내 집 마련에 사용하면 좋다. 다만 어떤 경우라도 미혼 시절에 월평균소득의 50%는 내 집 마련을 위해 사용해야 한다는 뜻을 받아들이길 바란다.

구체적인 내 집 마련을 위한 자금 목표 만들기

현재 미혼인 박지연 씨(29세, E 매거진 근무)는 월평균소득이 320만 원이다. 4년 전 신입사원일 때 첫 월급이 280만 원 정도였다. 그녀가 결혼자금과 내 집 마련 저축에 어느 정도를 사용해야 할지 생각해보자. 지금 소득 기준으로는 내 집 마련에 월급의 50%인 160만 원 이상을 저축해야 한다. 하지만 만일 상황이 여의치 않다면 최소한 신입 때 월평균소득(280만 원)의 50% 수준인 140만 원을 내 집 마련(=결혼자금)에 사용해야 한다.

그런데 만일 그녀가 3년 후 결혼계획이 있다고 가정해보자. 그녀와 미래 배우자, 이렇게 두 사람이 내 집 마련에 사용해야 할 자금 목표는 어느 정도일까? 아직 배우자가 정해지지 않았다면 앞 장에서 언급한 미래 배우자 소득 예측을 기준으로 생각해보자(여성은 본인 소득 × (0.9~1.4), 신뢰 구간 95%).

① 본인 현재 소득: 320만 원 × 50%: 월 160만 원

② 배우자 예측 소득: 400만 원 × 50%: 월 200만 원(0.9~1.4에 평균 값 적용 1.25배) → 저축 목표: 월 360만 원

박지연 씨 커플이 월 주택자금으로 저축해나갈 금액은 월 360만 원 정도가 된다. 3년 후 3억 원의 전세자금을 가지고 결혼한다고 가정하면 박지연 씨의 내 집 마련을 위한 자금 목표는 다음과 같다.

① 최초 전세자금: 3억 원
② 저축 월 360만 원 × 180개월(이자 제외) = 7억 9,000만 원(투자수익률 3% 적용) → 저축 목표: 10억 9,000만 원

① 최초 전세자금 3억 ② 15년간 월 360만 원으로 모은 7억 9,000만 원을 합해 총 10억 9,000만 원이다. 내 집 마련 숙제를 완료하는 때는 집값 대출이 20% 이하일 때니 박지연 대리가 미래에 보유할 주택은 향후 집이 단 한 푼도 오르지 않는다는 가정하에 10억 9,000만 원이 집값의 80% 정도 되는 집이다.

총투여 주택자금 10억 9,000만 원 ÷ 80% = 13억 6,250만 원

그 집은 18년 후에 가격이 13억 6,250만 원 정도 될 것이다. 매년 인플레이션율 2%를 적용해서 지금의 화폐가치로 환산하면

(13억 6,250만 원÷1.0218) 70% 정도가 된다. 즉 현재 화폐가치로 9억 5,375만 원 정도의 주택이라는 뜻이다. 박지연 씨 커플의 소득 수준이라면 지금 최소 9억 5,375만 원 정도 되는 주택을 목표로 삼아야 한다는 결론이 나온다.

하지만 이 가정은 앞으로 집값이 하나도 오르지 않는다고 가정하고 생각해본 것이다. 집값에 내 돈이 80% 수준까지 도달하는 동안 오로지 내가 모은 돈만이 기여한다는 가정이다. 하지만 현실에서는 집값도 오른다. 집값이 오르면 내가 가만히 있어도 집값에서 내 돈이 차지하는 비율이 올라간다. 따라서 실제로 박지연 씨 커플은 현재 9억 5,375만 원 정도 되는 주택보다 더 비싼 주택을 목표로 할 수도 있다.

4-3
지역, 크기, 형태
빅픽처는 일찍 그려라

자금 목표가 나왔다면 그 자금을 가지고 어떤 주택에 도전할지 큰 그림을 그려보자. 앞서 언급한 자금 목표는 최소한의 목표를 말하는 것으로 실제로는 더 많은 자금을 목표로 집중하는 사람도 많다. 앞서 언급한 내 집 마련의 시간 목표와 자금 목표를 가지고 자신에게 맞는 내 집 마련을 위한 지역, 크기, 형태를 선정해보자.

지역: 본인 생활권 중 위치가치가
가장 높은 지역을 선택하라

결론부터 말하자면 본인의 자금 목표 또는 그 이상의 금액을 가지고 최대한 자신의 생활권 중 위치가치가 가장 높은 지역을 선택하라. 2015년부터 10년간 이어진 주택 가격 양극화는 위치가치에서 상위권과 하위권 주택 가격의 폭을 벌리기 시작했으며 앞으로도 이런 추세는 상당 기간 계속될 것으로 보이기 때문이다.

> **주택 가격 양극화의 원인**
> ① 초저성장, 초저금리로 인한 안전자산 쏠림 현상
> ② 상위 지역일수록 분양공급과 매도공급이 부족
> ③ 소득 상위 가구와 하위 가구의 소득 상승 양극화

앞서 언급한 대로 지금의 양극화는 매우 낮은 경제성장률과 그로 인한 초저금리가 가장 큰 원인이 되고 있다. 당장 경제성장률이 과거와 같이 4~5%로 회복되지 않는다면 자산에서 나오는 현금 흐름의 크기보다는 현금 흐름의 지속성이나 안정성이 높은 안전자산에 대한 쏠림 현상은 계속될 것으로 전망된다.

알다시피 부동산에서의 월세 현금 흐름이 가장 안정적인 것은 대도시 아파트다. 특히 현재 시장의 주택 공급은 서울을 기준으로 한다면 모두가 선호하는 지역보다는 수도권 외곽에 집중되고 있다. 따라서 실제 선호 지역은 새로 지어서 공급되는 신규 공급이 아니라 팔려는 사람들이 나와야 생기는 매도공급에 의존하는 형편이다. 하지만 선호 지역일수록 신규 분양을 통한 공급보다는 매도공급이 적다. 또 과거 소득 상위 가구의 소득이 하위 가구의 것에 비해 상승률이 높았던 것처럼 앞으로도 이런 추세가 계속되리

라고 예상된다.

서울 지역 아파트 매매가격을 5분위로 나눠보면 아래와 같다. 이것은 시장이 이 지역의 아파트에 대한 사용가치(위치가치+신축가치, 93페이지 참조)를 기반으로 지역 서열을 평가한 것으로 볼 수 있다.

물론 이런 사용가치의 서열화가 앞으로 절대 불변이라는 보장은 없다. 신축가치는 시간이 지남에 따라 감소하고 신축 아파트가

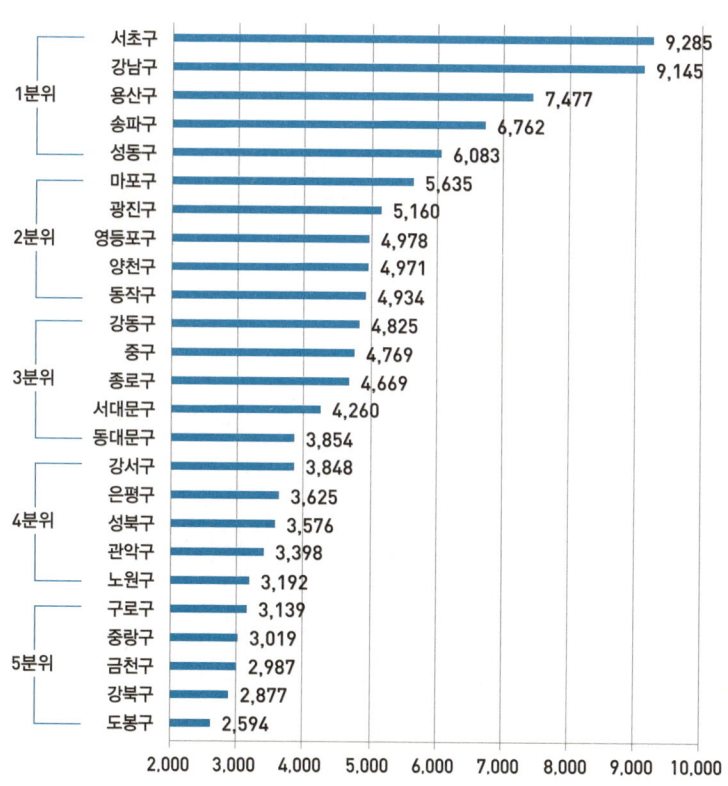

서울 지역 아파트 평당 가격 5분위(단위: 만 원)

대량으로 공급되면 올라간다. 위치가치는 여간해서는 변하지 않지만 달라지는 경우가 있다. 우리가 주변을 꾸준히 관찰해야 하는 이유가 여기에 있다. 서울에는 대규모의 신축 아파트 공급이 쉽지 않다는 점을 생각하면 결국 위치가치가 서열에 가장 큰 영향을 준다고 볼 수 있다.

— 플랜 ③ 내 집 마련 지역 선정

목표 기간	자금 목표	선정 지역			1m²당 가격
년 월	억 원	시	구	동	만 원

어떤 지역을 선정했다고 해서 나중에 반드시 그곳에 집을 사야 하는 것은 아니다. 그곳과 비슷한 위치가치 서열의 지역으로 가면 된다.

크기: 가장 수요가 많은 크기를 선택하라

이제 지역 목표가 정해졌다면 어떤 크기의 주택을 목표로 할지 생각해보자. 본인의 자금 목표 또는 자금 목표+α를 가지고 최대한 위치가치가 높은 집을 목표로 하는 것이 바람직하다. 그렇다면 주택의 크기는 작아질 수밖에 없다.

앞서 언급한 박지연 씨(29세, E 매거진 근무)의 가구 예상소득은

720만 원이었고 내 집 마련 목표가 현재 화폐가치로 최소 9억 5,000만 원인 주택이었다. 만일 9억 5,000만 원 정도로 살 수 있는 주택이 5분위 지역과 4분위 지역 그리고 3분위 지역에 각각 있다면 되도록 5분위 지역의 주택을 선택하는 방식을 택해야 한다. 그렇게 되면 당연히 주택의 크기는 작아진다. 다시 말해 3분위 지역의 대형 평형보다, 4분위 지역의 중형 평형보다, 5분위 지역의 소형 평형 아파트를 선택하는 것이 바람직하다는 뜻이다.

> **위치가치를 고려한 주택 평형 선택 예시**
> • 5분위 초소형 > 4분위 소형 > 3분위 중형 > 2분위 대형

하지만 여러 가지 이유로 대형 평형에 거주해야 한다면 소유하고 있는 중소 평형은 전세를 주고 본인은 대형 평형에 전세로 거주하면 된다. 똘똘한 한 채를 위해서 반드시 소유와 거주가 같아야 할 이유는 없는 것이다.

현재 대한민국에서 면적 대비 가장 비싼 주택은 중소형 주택 (80~110m^2)이다. 총가구 중 2~3인 가구의 비율이 가장 높기 때문이며 앞으로도 이런 추세는 큰 변화가 없을 것으로 예상된다. 특히 2~3인 가구는 무자녀 부부이거나 자녀 하나를 둔 맞벌이 부부로 교육에 관심이 많고 가구소득이 가장 높아 현재 상위 지역의 집값을 견인하는 계층이다. 따라서 90~110m^2 크기의 중형 주택

총가구와 1인 가구 수(단위: 만)

은 향후에도 가장 수요가 많고 매도공급이 적은 '핫'한 평형이 될 것이다.

소형 주택도 그다음으로 비싸질 가능성이 높다. 1인 가구가 급증하고 있기 때문이다. 1인 가구는 2~3인 가구에 비해 절대소득은 낮지만 가구의 증가 폭이 가장 크다. 똘똘한 한 채가 미래에도 상대적인 자산가치가 상승하거나 적어도 하락하지는 않는 주택을 의미한다면 그것은 지금처럼 대형 주택보다는 중소형 주택일 가능성이 높다고 봐야 한다.

― 플랜 ④ 내 집 크기 선정

목표 기간	자금 목표	선정 지역	평형
년 월	억원	시 구 동	

형태: 500세대 이상 공동주택을 선택하라

우리 사회는 이전보다 훨씬 더 편리한 도시 생활을 누리고 있지만 과거에 비해 크게 부각된 각종 강력범죄 때문에 범죄로 인한 불안감도 동시에 느낀다. 따라서 사람들에게 가장 중요한 것이 바로 안전의 욕구가 됐다. 특히 주거에서 편안하고 안전한 생활을 보장받으려면 각종 범죄로부터 치안이 확보된 주택이어야 한다.

> **세대수가 많은 공동주택의 이점**
> ① 주거 치안에 유리하다
> ② 편의시설이 잘 조성돼 있다
> ③ 좋은 교육환경이 가능하다
> ④ 주택 가격이 안정적이고 현금화가 쉽다

공동주택을 선택해야 하는 이유를 4가지로 꼽을 수 있다. 첫째, 공동주택은 주거지 치안 측면에서 유리하다. 1990년대 이후 아파트 가격이 급등한 이유는 이런 대중의 안전욕구가 크게 작용해서라고 볼 수 있다. 이런 현상은 앞으로도 계속될 것이 틀림없다. 집으로 접근하는 동선이 좁은 골목이나 통행 인원이 적은 이면 도로로 돼 있다면 늦은 밤에 귀가하는 노약자나 여성은 불안할 수밖에 없다. 또 아무리 보안이 잘돼 있다고 해도 단독주택은 외부로부터의 주거 침입에 대한 불안감을 불러일으킬 수도 있다. 이런 면에서 한적한 곳의 주택이나 소수의 주택이 모여 있는 곳보다 수백 세대가 함께 있는 공동주택은 매우 안전하다는 장점이 있다.

둘째, 공동주택은 주거지를 기반으로 한 편의시설이 잘 조성돼 있다. 일반주택이나 단독주택 주거지에 비해 단위 면적당 가구 수가 많아서 각종 편의시설이 밀집한 상가가 발달하고 자녀교육을 위한 학원이나 병원이 콤플렉스(복합) 형태로 잘 조성돼 있기 마련이다. 이런 점은 공동수택의 사용가치를 높여주는 장점이 된다.

셋째, 공동주택은 주변에 접근성이 좋은 초·중·고등학교가 있으며 대단지 공동주택에 거주하는 아이들의 경우 학부모들이 대개 비슷한 경제력을 가지고 있다. 같은 학급 친구들 간에 거주환경이나 부모의 배경이 비슷하면 좋은 면학 분위기를 형성하기 쉬워 바람직하게 여겨진다.

넷째, 공동주택은 이런 이유로 항상 안정적인 수요가 존재한다. 따라서 주택 가격이 안정적이고 긴급하게 현금화해야 할 상황이 생기더라도 단독/일반주택에 비해 빠른 현금화가 가능하다. 공동주택에는 아파트, 빌라, 연립주택이 포함되지만 수백 세대가 함께 하는 특징을 본다면 가장 좋은 형태는 아파트라고 볼 수 있다. 위에 이야기한 공동주택의 이점을 가장 많이 갖추고 있기 때문이다.

― 플랜 ⑤ 내 집 형태 선정

목표 기간	자금 목표	선정 지역			평형	형태
년　　　월	억원	시	구	동		

4-4

종잣돈은
정기적금이 기본이다

당신은 혹시 주변에서 주식에 투자해서 집을 샀다는 말을 들어본 일이 있는가? 또는 암호화폐 등에 투자해 대박이 나서 내 집 마련을 했다는 성공담을 들어본 일이 있는가? 물론 최근에는 미국 주식이 엄청나게 올라서 돈을 벌었다는 사람이 있기는 하다. 실제로 25년 전 S&P500지수에 돈을 넣고 그 시간을 묵묵히 버틴 이가 있다면 그 사람은 지금 원금 말고도 299%라는 엄청난 수익이 생겼을 것이다. 하지만 솔직히 말해 이런 투자자는 눈 씻고 찾아봐도 없을 것이다.

하지만 강남 은마아파트는 2000년에 사서 지금까지 25년 동안 보유한 사람이 엄청나게 많다. 은마아파트의 2000년도 가격은 2억 5,000만 원이고 현재는 27억 3,000만 원(2025년 3월 기준)이므로 지난 25년간의 수익률은 무려 992%나 된다.

우리가 흔히 말하는 투자의 대명사인 주식으로 생각해보자. 투자란 항상 불확실성을 동반한다. 성공할 가능성과 실패할 가능성이 공존하는 것이다. 이길 때도 있지만 질 때도 있다. 궁극적으로 그 투자가 성공하려면 이길 때 수익을 많이 확보하고 질 때는 손실을 되도록 적게 보는 방법이 최선이다.

성공하는 투자란 결국 승률을 높이는 데 있다. 승률을 높이려면 특별한 노력이 필요한데 바로 많은 경험과 지식을 쌓아야 한다. 거기에 더해 꼭 필요한 것이 바로 시간이다. 단기간에 성과를 내야만 하는 투자라면 승률을 높일 수 없기 때문이다. 어느 정도 시간이 확보돼야 투자 성공 확률을 높이고 그에 따라서 변동성을 줄일 수 있다.

그런데 경험과 지식 그리고 시간을 통해서 줄일 수 있는 변동성이 있고, 아무리 경험과 지식이 많고 장기간 투자한다고 해도 줄일 수 없는 변동성도 있기 마련이다. 결국 투자란 스포츠와 같아서 항상 이길 수는 없다. 다만 승률을 높이는 것이 최선일 뿐이다.

그래서 투자를 통해 내 집을 마련한다는 것은 쉽지 않다. 어떤 투자를 하든 5년 이상을 내리 승리하기가 어렵기 때문이다. 무주택자라면 2년에 한 번씩 전세나 월세 계약을 갱신해야 하는데 다음 전세 계약까지 종잣돈을 모으는 수단으로 저축보다 주식투자를 택한다면 2년이란 단기간에 자금을 회수해야 하므로 투자 변동성이 커진다.

사람에게 주거란 기본적인 안정감을 주는 매우 중요한 요소다.

— 투자의 변동성

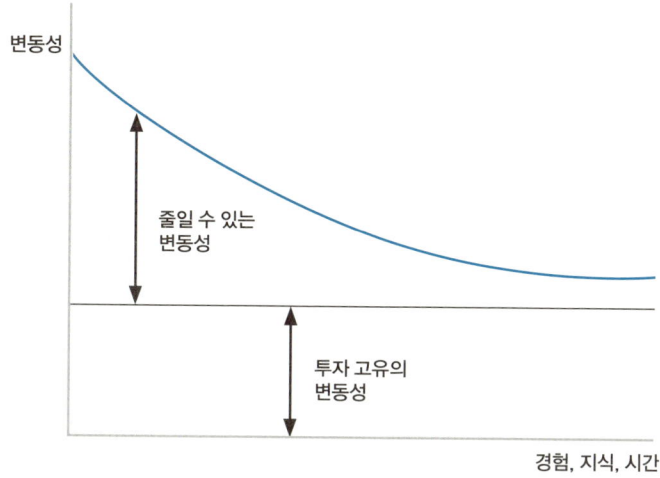

이런 기본적인 주택자금의 대부분을 투자로 운용한다면 불안감이 커질 수밖에 없다. 저축 외에 자금의 극히 일부분을 투자하는 것은 상관없겠지만 그 비율이 높아지면 곤란하다. 또 노파심에서 비롯된 생각일지 모르겠지만, 투자의 대표격인 주식의 경우 성과를 거두면 대부분 다른 주식투자로 이어지는 경우가 많다. 한 번의 성공으로 자기과신이 커지기 때문이다.

아울러 주식으로 번 돈은 대체로 원래 재무목표보다는 소비재(차량 구입, 해외여행)로 흘러갈 가능성도 높다. 쉽게 벌었다는 심리가 크게 작용하기 때문이다. 모두가 경험한 일이겠지만 쉽게 벌면 쉽게 쓰게 된다. 투자로 미래의 내 집 마련 자금을 만들려고 한다면 제대로 된 주택자금계획을 세우기 어렵다.

따라서 주택 마련을 위한 종잣돈은 정기적인 저축, 즉 정기적금이 기본이 돼야 한다. 앞서 주택자금을 모으기 전 미혼 때부터 결혼자금을 모으는 일이 매우 중요하다고 언급했다. 어느 정도의 결혼자금을 가지고 시작하는가가 훗날 주택 마련에 지대한 영향을 미치기 때문이다. 결혼자금의 80% 이상이 최초의 신혼집을 마련하는 데 들어가고 이 종잣돈이 훗날 내 집 마련에 초석이 되기 때문이다.

이제부터 지금의 소득을 가지고 어떤 방법으로 돈을 모아나가면서 주택 마련을 위한 종잣돈을 만들 것인지 생각해보자. 주변을 살펴보면 비슷한 소득을 가지고도 훨씬 더 큰 목돈을 만드는 사람이 있다. 같은 기간에 더 많은 저축과 더 적은 소비를 했다는 뜻이다. 이것이 가능한 이유는 무엇일까? 대단히 특별한 방법이나 거창한 노하우가 있는 것은 아니다. 공부, 운동, 저축이란 하루아침에 어떤 결과물을 만들어낼 수 없는 것이기에 결국은 명확한 목표와 작은 습관의 꾸준한 실천이 답일 수밖에 없다.

명확한 목표와 소비예산, 그리고 저축에 대한 작은 습관들이 더해진다면 비슷한 소득을 올리더라도 결과에서 놀라운 차이를 만들 수 있다. 저축에 대한 작은 습관, 돈을 모으고 굴리는 습관에는 어떤 것이 있을까?

① 내 집 마련을 위한 저축은 강제성이 있는 정기적금으로 하라

요즘 2030 직장인은 매월 꼬박꼬박 납입해야 하는 정기적금을 들기보다는 남는 현금을 언제든 인출할 수 있도록 파킹 통장에 넣어놓는 경우가 많다. 현재 은행 적금에 적용되는 금리가 연 2%도 안 되는 초저금리의 상황이다 보니 벌어지는 현상이다. 하지만 목돈을 좀 모아본 사람들은 하나같이 이자율과 저축은 큰 상관이 없다고들 말한다.

돈 모으기의 시작은 언제나 정기적금이다. 자신의 돈이지만 자기 마음대로 하지 못하도록 하는 것, 바로 돈을 '바인딩(묶음)'하는 것. 그것이 돈 모으기의 핵심이라는 뜻이다. 요즘 한창 인기를 끌고 있는 월간 가계부 앱이 있다. 얼마 전 그 가계부 앱의 버스 광고 문구를 보았는데 정말 무릎을 탁 치게 만드는 문구였.

"나에게서 내 돈을 지키는 가장 현명한 방법."

결국 이 세상에서 내가 돈 모으는 것을 방해하는 유일한 사람은 나 자신이다. 정기적금은 매월 같은 날짜에 돈이 인출돼 은행에 보관되고 내가 신경 쓰지 않는다고 해도 차곡차곡 돈이 모인다. 내가 고민할 새도 없이 돈을 빼앗아버리기 때문에 가능한 것이다. 이런 정기적금과 달리 내가 원하는 시기에 원하는 만큼을 저축할 수 있는 자유적금의 경우, 마음먹은 저축목표액을 달성하지 못하기 일쑤다. 저축의 강제성이 떨어지기 때문이다. 하물며 자유적금도 그러한데 남는 돈을 언제든 입출금이 가능한 통장에 보관한다면 어떨까?

  시작할 때는 누구나 그 돈을 쓰지 않겠다고 다짐하지만 시간이 지나면 급히 돈을 사용할 곳이 생기기 마련이다. 그때마다 아무런 제약 없이 그 돈을 손쉽게 인출하다 보면 결국 그 돈은 목돈이 되는 것이 아니라 생각지도 않았던 지출과 과소비의 제물이 되고 만다. 전세자금, 결혼자금 등 확실한 목돈이 필요한 시점까지 내가 정한 목표를 달성하고 돈을 지켜내려면 이자율이 높고 낮음에 신경 쓰지 말자. 돈을 한곳에 강제로 모아두는 정기적금이 기본이 돼야 한다.

— 플랜 ⑥ 현재 내 집 마련을 위한 정기적금과 기타 저축

상품명	월 납입	만기	만기 원리금	저축 비율
	만 원	년　월		%
	만 원	년　월		%
	만 원	년　월		%

② 만기금액은 명확한 금액에 맞춰서 정하라

  직장인이 가입하는 정기적금의 월 불입액을 보면 10만 원, 20만 원 혹은 30만 원, 50만 원이 대부분이다. 이처럼 가입금액이 십만

원 단위로 딱 떨어지게 가입하는 이유는 무엇일까? 특별한 이유가 있다기보다는 내는 금액을 잘 기억할 수 있기 때문이다. 또 적금을 여러 곳에 나눠 가입하다 보니 이렇게 적은 금액의 적금이 여럿 생긴 것이다. 큰 금액의 정기적금을 하지 못하고 이렇게 여러 건으로 나눠 저축한다는 것은 결국 목돈을 만든 후 어디에 쓸 것인지 정확하게 정해두지 못했다는 뜻이다.

이렇게 쪼개서 가입하는 적금은 만기가 자주 돌아오기 때문에 어디에 투자해야 할지 고민이 늘어날 수도 있다. 실제로 연 1.8% 이자율의 월 30만 원짜리 1년 만기 정기 적금을 가입하고 만기금액을 타면 약 363만 원을 손에 쥐게 되는데 이 정도의 금액이라면 다시 어디에 투자할지가 아니라 어디에 쓰면 좋을지부터 떠오른다.

아무리 내 집 마련을 위한 종잣돈을 만들기 위해 저축을 했다고 하더라도 백화점에서 아이쇼핑을 하면서 나도 모르게 사고 싶은 물건이 눈에 들어올지도 모른다. 홈쇼핑에서 광고하는 멋진 여행 패키지가 유난히 끌릴 수도 있다. 저축이란 흩어져 있는 현금을 한데 모아 목돈을 만드는 것이 우선인데 이렇게 저축 목적이 약하고 또 적은 금액으로 나눠 저축하다 보면 돈이 모이는 것이 아니라 흩어질 수밖에 없다.

따라서 만일 3년 후 결혼자금을 모은다면 3년 만기 정기적금(연 1.8% 이자율)으로 5,000만 원을 타는 월 135만 원 불입 적금에 가입해보자. 또 1년짜리 적금을 가입한다면 월 42만 원, 83만 원

또는 124만 원, 165만 원을 납입하는 적금을 가입해보자. 그러면 1년 에누리 없는 만기금액으로 각각 500만 원, 1,000만 원 그리고 1,500만 원, 2,000만 원을 손에 쥘 수 있다. 이제 결혼자금, 내 집 마련을 위한 저축금액을 다시 설정해보자.

― **재설정: 내 집 마련을 위한 정기적금과 기타 저축**

상품명	월 납입	만기	만기 원리금	저축 비율
	만 원	년 월		%

4-5
집은 현금으로 사지 말라

 돈이란 크게 2가지를 합친 개념을 말하는데 하나는 실제로 내가 가지고 있는 돈이고 또 다른 하나는 내가 빌릴 수 있는 돈을 뜻한다. '돈이 돈을 번다'는 말이 있듯이 돈의 크기가 클수록 그만큼 더 많은 돈을 벌 기회가 생긴다. 따라서 돈이란 내 돈과 내가 동원할 수 있는 돈이 합쳐진 것이다.

— 돈의 개념

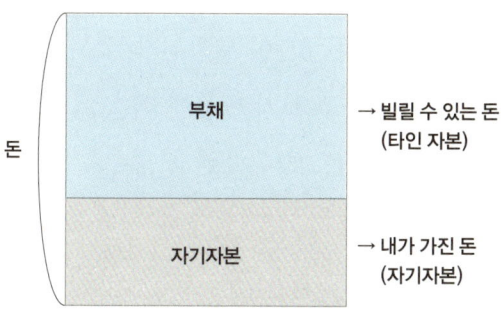

은행에서 돈을 빌려 내 집 마련을 하는 상황을 생각해보자. 은행은 우리에게 집값의 몇 퍼센트를 빌려줄 것인지 먼저 결정한다. 그다음 우리가 빌린 돈을 우리 소득으로 제대로 갚을 수 있을지를 따져서 대출을 최종 승인한다. 따라서 집을 사려는 사람은 이 2가지의 허들을 통과해야 한다. 이때 집값의 몇 퍼센트를 빌려줄 것인지를 나타내는 지표가 바로 주택담보인정비율LTV이다. 이것은 어느 지역에 집을 사는지에 따라 40~70%로 제한돼 있다. LTV가 높을수록 집을 사기가 수월해진다.

또 1년간 대출원금과 이자를 상환하는 금액이 연간소득에 몇 퍼센트까지 허용되는지 나타내는 것이 총부채상환비율DTI이다. DTI가 없는 지역도 있지만 대체로 40~60%로 허용된다. 이 역시 DTI가 높을수록 집을 사는 것이 수월해진다. 하지만 최근에는 주택 외에 다른 대출까지 모두 포함해서 제한하는 총부채원리금상환비율DSR: debt service ratio 제도를 시행하고 있기 때문에 다른 대출이 있다면 주택자금대출은 더 어려울 수밖에 없다.

DSR이란 개인이 받은 모든 대출의 연간 원리금을 연간 소득으로 나눈 비율이다. 이때 금융부채에는 주택담보대출, 신용대출, 카드론 등 모든 종류의 대출이 포함된다. 소득이 높은 만큼 부채를 상환할 능력이 높다고 보기 때문에 더 많이 대출을 받을 수 있는 것이다. DSR 비율은 제1금융권 기준으로 40%이며 1년 동안 갚아야 할 금액이 연봉의 40% 수준을 넘지 않는 선에서 대출을 받을 수 있다.

LTV, DTI, DSR 비교

	규제 지역		비규제 지역		DSR
	LTV	DTI	LTV	DTI	
생애 최초	80%	60%	80%	60%	40%(제1금융) 50%(제2금융)
서민 실수요자	70%	60%	70%	60%	
무주택 세대	50%	40%	70%	60%	
1주택 세대 (처분 조건)	50%	40%	70%	60%	
다주택자	30/40%	30/60%	60%	50/60%	
매매임대사업자	30%	–	60%	–	–

* 규제 지역: 서울 서초구, 강남구, 송파구, 용산구(국토교통부, 2023년 1월 5일 기준)
* 생애 최초: 지역, 가격, 소득 상관없이 집값의 80%, 6억 원까지 대출 가능
* 서민 실수요자: 부부합산소득 9,000만 원 이하, 9억 원 이하 주택, 무주택 세대주

만일 연간소득 6,000만 원인 무주택자가 기존에 5,000만 원 신용대출이 있는 상황에서 7억 원의 집을 사려고 한다면 몇 퍼센트까지 대출할 수 있을까? LTV는 표에서 보는 바와 같이 50%다. 3억 5,000만 원까지 대출이 가능하다는 뜻이다.

그렇다면 1년간 대출이자와 원금을 상환하는 데 연간소득의 몇 퍼센트까지 허용되는지 DTI를 알아보자. 표에서 보는 바와 같이 40%다. 즉 연간소득 6,000만 원 중 40%인 2,400만 원까지 이자와 원금상환이 가능하다. 3억 5,000만 원을 연 이자율 4.2%로 30년 원리금균등분할 상환 조건으로 대출받는다면 월 171만 1,560원으로 연간 원리금 2,053만 원으로 대출이 가능하다.

하지만 DSR을 적용해보면 이야기가 달라진다.

① 신용대출 5,000만 원(5년 5%): 월 원리금 94만 원

② 주택담보대출 3억 5,000만 원(시중 6대 은행 평균 이자율 4.2%): 월 원리금 171만 원

→ 월 원리금 합계 265만 원

→ 제1금융 DSR 한도 월 200만 원(연간소득 6,000만 원 × 40% = 연 2,400만 원)으로 대출 불가

DSR 제도는 기존 신용대출의 원리금까지도 합산해야 한다. 따라서 3억 5,000만 원의 대출은 불가능하다. 계산상 신용대출 5,000만 원의 3분의 2 수준인 3,000만 원은 상환해야 대출 3억 5,000만 원이 가능해진다. 즉 7억 원이라면 집값의 55%인 3억 8,000만 원은 있어야 집을 살 수 있다는 결론이 나온다.

최근에는 금리가 4.2%라고 해도 스트레스DSR제도가 시행중이라 실제 적용이자율은 더 높다. 2024년 2월 가산금리 0.38%를 주택담보대출에 적용하는 1단계가 시행됐고 그해 9월 가산금리 0.75%(수도권 1.2%)를 1금융권은 주택담보대출과 신용대출에, 2금융권은 주택담보대출에 적용하는 2단계가 시행됐으며 올해 7월부터 가산금리 1.5%(지방 0.75%)를 주택담보대출과 신용대출, 기타 대출 모두에 적용하는 3단계가 시행되고 있다. 그만큼 대출은 줄어든다.

그렇다면 대출비율은 어느 정도가 적당할까? 위에 표시된 LTV와 DTI에서 그 해답을 찾아보자.

우선 주택담보대출비율을 제한하는 규제는 은행이 만든 것이 아니란 점을 기억해야 한다. 주택담보대출비율 규제를 은행 입장에서 어느 정도까지 돈을 빌려줘야 돈을 떼이지 않을 것인지를 관리하려는 목적으로 만들었다면 지금 주택시장에서는 이 비율을 틀림없이 더 높게 만들었을 것이다. 하지만 이처럼 낮게 책정된 이유는 이것이 국토교통부, 즉 정부에서 집값 상승에 대한 억제 정책으로 만든 것이기 때문이다. 따라서 고가주택이나 투기지역에 대해서는 규제가 더 강하다는 것을 알 수 있다.

이런 정책 방향은 결국 고가주택일수록 주택 가격의 상승률이 더 높았음을 반증한다. 이런 정책은 오히려 규제 지역에 대한 시장의 관심을 높이는 효과를 만들어냈다. 그동안 부동산에 대한 억제 정책은 시장에 주택 가격 상승 압력이 강하다는 신호로 받아들여지며 오히려 가격 상승을 부추겼다. 반대로 부동산시장을 살리겠다는 정책은 주택시장 부양 정책이 주택시장 침체를 우려해서 나온 정책으로 해석되어 되레 주택시장이 살아나지 않는 결과로 나타난다.

앞 장에서 언급한 대로 내 집 마련을 위한 적절한 자금 목표는 자기 소득의 50% 정도를 결혼 후 15년 동안 쏟아부어 마련해야 하는 수준이다. 이 정도의 목표라면 이제 막 내 집 마련을 위해 돈 모으기를 시작해 자금 규모가 얼마 되지 않은 사람에게는 엄청나게 높게 보일 수밖에 없는 목표다. 따라서 대부분이 내가 목표로 하는 집을 100% 현금으로 주고 사는 것이 아니라 우선 대출의 도움을 받아 사고 추후에 대출금을 갚아나가는 방법을 선택한다. 실수요자, 신혼부부, 생애최초구입과 같은 경우는 최대 집값의 60~70%까지도 대출이 허용되기 때문에 집값의 40%만 준비되면 나머지 60%는 빌려서 집을 사는 것이다.

그동안 집값 상승률을 보면 은행의 이자율에 비해 훨씬 빠른 상승률을 보여왔기 때문에 이 방법은 결과론적으로 현명한 선택이 됐다. 하지만 일부 사람은 대출을 빚이라고만 생각해서 집값의 50% 대출이 가능함에도 집값의 대부분이 모일 때까지 내 집 마련의 시기를 늦췄다가 돈이 모이는 속도에 비해 집값이 너무 빨리 뛰는 바람에 낭패를 보는 일도 있었다.

박현희 씨(39세 미혼, 약사)는 지방 출신이지만 20대부터 서울에서 혼자 자취를 하며 대학을 졸업했다. 서울에서 살면서 월세가 나가지 않는 내 집을 마련하는 것이 첫째 목표였던 그녀는 평소 가깝게 지내던 서울 토박이 약사 선배의 말을 믿고 2017년 초 서울 동작구에 66m^2(20평) 아파트를 샀다. 이때 그녀는 10년간 모은 돈 2억 원을 모두 쏟아부었다. 대출은 집값 4억 7,000만 원의 60%인 2억 8,000만 원을 받았다.

처음에는 대출이 너무 많은 것이 아닌가 걱정했지만 결과론적으로 현재는 자신이 그동안 갚은 금액보다 집값이 올라간 덕분에 대출비율은 3년 만에 40% 이하가 됐다. 그녀는 사회초년생 때부터 직장생활을 하면서도 주말에는 약국 아르바이트까지 하면서 열심히 저축한 보람이 있다고 웃어 보였다.

"지금 생각해봐도 선배 말을 듣길 잘했다는 생각이 들어."

사실 그녀는 선배의 권유에도 불구하고 대출이 싫어서 처음에는 종잣돈이 적어도 집값의 80% 정도가 될 때까지는 집을 사지 않겠다고 고집을 피웠다. 만일 그때 그렇게 집값의 60%를 대출받지 않았다면 그 집은 지금까지 모은 돈으로는 언감생심 살 수 없는 수준이 됐을 것이다. 여기서 꼭 기억해야 하는 것이 있다. 남에게 빌리는 돈도 그 성질에 따라서 좋은 대출이 될 수도 있고 나쁜 빚이 될 수도 있다는 사실이다.

남에게 빌린 돈이 자산 증식의 가능성이 있는 곳에 투자된다면 그것은 좋은 대출이 된다. 반면 마이너스 통장이나 신용대출, 카드 할부와 같이 소비로만 이어진다면 그 대출의 이자율이 아무리 낮더라도 그것은 분명히 빚이다.

> **좋은 대출과 나쁜 빚의 차이**
>
> - **좋은 대출**: 빌린 돈의 원금이 보존되며 추후에 자산 증가의 가능성이 있다. 자산증가율이 이자율보다 높다면 향후 단계적인 상환을 추진한다.
> - **나쁜 빚**: 소비성 채무로서 원금이 보존되지 않고 사라진다. 소비 때문에 사용한 마이너스통장, 카드론, 신용대출로 대체로 이자 비용도 높다. 되도록 발생하지 않게 하는 것이 좋다.

하지만 반대로 집을 사기 위해 빌리는 대출도 그 이자율보다 향후 집값 상승률이 낮아진다면 나쁜 빚이 될 가능성이 있다. 물론 초저성장경제에 진입한 지금 과거처럼 집값이 이자율보다 훨씬 높을 가능성은 크지 않다. 하지만 그렇다고 해서 이자율은 높아지고 집값 상승률만 낮아지는 현상은 당장 불가능에 가깝다. 1주택은 많은 사람에게 선택이 아니라 필수이기 때문에 여기에 돈을 넣는 사람들의 당장 명목수익률이 다른 자산에 비해 낮을 수밖에 없다. 만일 이런 상황에서도 대출 없이 현금으로 내 집 마련을 하려고 한다면 그것은 대출의 도움을 받아 상위 지역에 집을 마련할 기회를 스스로 박탈해버리는 셈임을 기억해야 한다.

4-6 청약저축으로 디딤돌을 만들라

대한민국 성인이라면 누구나 가지고 있는 청약통장. 이 청약통장은 과연 똘똘한 한 채 마련에 얼마나 도움이 되며 꼭 필요한 것일까?

결론부터 말하자면 당연히 도움이 되며 반드시 필요하다. 물론 청약통장이 단박에 똘똘한 한 채를 만들어주지는 못한다. 하지만 청약으로 신규 주택을 분양받게 되면 최종 목표인 똘똘한 한 채로 입성하기 전까지 무주택자에 머물러 있는 것에 비해 훨씬 유리할 수 있다(개별 물건이나 지역, 상황에 따라 다를 수 있다). 아무래도 무주택자로 목돈만을 모아나가는 것보다는 주택을 소유해 돈을 모으는 동안에도 시세차익을 보는 것이 더 유리할 가능성이 높기 때문이다.

따라서 청약으로 당장 원하는 주택에 입성하지 못한다고 하더

— 민영주택 청약 1순위 자격 요건

구분		자격 요건	
		가입기간	기타
투기과열지구 및 청약과열지역		2년 이상	-무주택세대주 -과거 5년 내 다른 주택에 당첨된 적이 없는 무주택 세대구성원 -해당 지역에 2년 이상 거주 -예치기준금액 충족
그 외	수도권	1년 이상	-세대주, 세대원 -예치기준금액 충족
	수도권 외	6개월 이상	

— 민영주택 청약통장 예치기준금액

구분	서울/부산	기타 광역시	기타 시군
85m^2 이하	300만 원	250만 원	200만 원
102m^2 이하	600만 원	400만 원	300만 원
135m^2 이하	1,000만 원	700만 원	400만 원
모든 면적	1,500만 원	1,000만 원	500만 원

— 국민주택 청약 1순위 자격 요건

구분		자격 요건		
		가입기간	납입횟수	기타
투기과열지구 및 청약과열지역		2년 이상	24회 이상	-무주택 세대주 -과거 5년 내 다른 주택에 당첨된 적이 없는 무주택 세대구성원 -해당 지역에 2년 이상 거주
그 외	수도권	1년 이상	12회 이상	-무주택 세대주/세대원
	수도권 외	6개월 이상	6회 이상	

라도 주택청약에 늘 관심을 기울여야 한다. 2017년 9월에 있었던 청약제도 개편 이후 투기과열지구 및 청약과열지역에서는 1순위 자격 요건이 이전보다 까다로워졌다. 수도권과 지방에 상관없이 투기과열지구 및 청약과열지역에서는 청약통장 가입 후 2년이 지나고 24회 이상 납입해야 하며, 민영주택의 경우 납입금도 청약 예치기준금액 이상이어야 1순위가 된다.

　투기지역이나 투기과열지구로 지정된 곳은 물가상승률에 비해 집값 상승률이 과도하게 높거나 청약경쟁률이 과열되고, 향후 주택공급이 현저히 줄어들 가능성이 있는 곳이다. 이에 정부는 해당 지역을 지정하여 수요를 억제하는 정책을 취한다. 이런 지역은 집값이 높은 인기 지역으로, 일반공급과 특별공급 모두 경쟁률이 매우 높다. 따라서 2030 무주택자가 주택청약제도를 통해 처음부터 이런 지역으로 입성하기란 쉽지 않다. 첫째, 신규분양가가 보통 2년 전 시세를 기준으로 결정되는 만큼 인기 지역은 분양가가 매우 높다. 둘째, '청약가점제'가 확대되어 이제 특별분양이 아니고서는 2030의 당첨확률이 매우 낮다.

　청약가점제란 청약가점이 높은 순으로 분양을 결정하는 제도를 말한다. 따라서 본인의 청약가점이 얼마인지 계산해볼 필요가 있다. 청약가점은 무주택기간, 부양가족, 청약저축 가입기간에 계산된다. 청약Home 홈페이지에 접속해 직접 계산해보자.

　최근 서울에서 가까운 수도권은 50점 이상, 서울은 60점 이상이 나와야 당첨 가능권으로 보는데 50점이라도 청약통장을 20세

― 청약Home 청약가점 계산하기

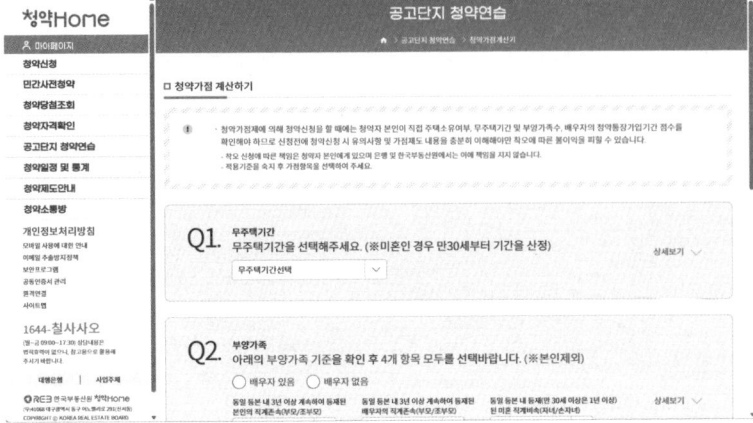

― 청약Home 특별공급 안내

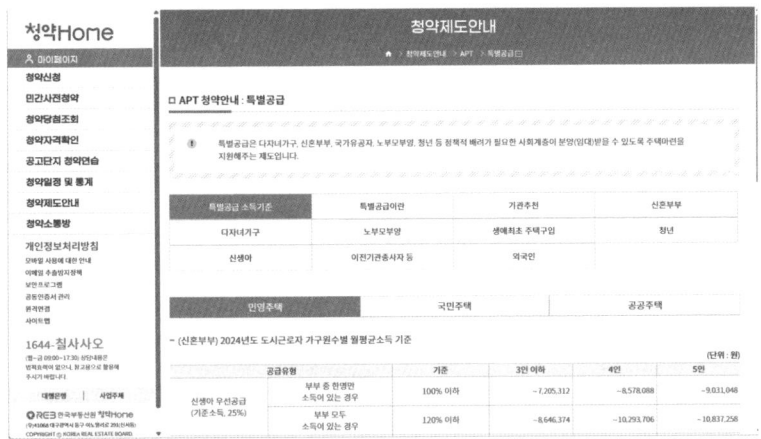

— **민영주택 가점제, 추첨제 적용 비율**

구분	60m² 이하		60m² 초과~85m² 이하		85m² 초과	
	가점제	추첨제	가점제	추첨제	가점제	추첨제
수도권공공택지	40%	60%	70%	30%	80% 이하에서 지자체가 결정	20%~
투기과열지구	40%	60%	70%	30%	80%	20%
청약과열지역	40%	60%	70%	30%	50%	50%
기타 지역	40% 이하에서 지자체가 결정	60%~	40% 이하에서 지자체가 결정	60%~	-	100%

때 만들고(15년 이상 17점) 30세에 결혼해서 2자녀(부양가족 3명 20점)를 둔 37세 무주택 세대주(무주택기간 6년 이상 7년 미만 14점) 정도가 받을 수 있는 점수이니 쉽게 높일 수 있는 것은 아니다. 따라서 가점이 높아질수록 일반분양을 시도하면서 자신의 상황에 맞는 특별공급이 있는지도 체크해봐야 한다.

특별공급이란 정책적 배려가 필요한 사회계층 중 무주택자의 주택 마련을 지원하기 위해 일반공급과 청약경쟁 없이 주택을 분양받을 수 있도록 하는 제도를 말한다(특별공급은 당첨 횟수를 1세대당 평생 1회로 제한한다). 다만 수도권에서 지방으로 이전하는 기업·공장 종사자 등에 대한 특별공급은 유주택자에게도 해당된다. 따라서 본인이 최종적으로 생각하는 '똘똘한 한 채'로 갈아타는 것을 좀 더 쉽게 해줄 수 있는 특별공급에 해당되는 내용이 있는지 청약Home 홈페이지에 접속해 꼼꼼하게 확인해보자.

더 알아보기:
투기 지역, 투기과열지구, 조정대상지역

① 투기지역
- 〈소득세법〉 제104조의 2에 따라 기획재정부장관은 해당 지역의 부동산 가격 상승률이 전국 소비자물가 상승률보다 높은 지역으로서 전국 부동산 가격 상승률 등을 고려할 때 그 지역의 부동산 가격이 급등하였거나 급등할 우려가 있는 경우에 그 지역을 지정지역으로 지정할 수 있음
- 직전월 가격상승률 > 전국소비자물가상승률 × 130%(공통요건) + 선택요건 중 1 이상 충족
(1) 직전 2개월 평균 가격상승률 > 직전 3년간 연평균 전국가격상승률 × 130%
(2) 직전 1년간 가격상승률 > 직전 3년간 연평균 전국가격상승률

② 투기과열지구
- 지정기준(〈소득세법 시행령〉 제25조)
- 해당 지역 주택 가격상승률이 물가상승률보다 현저히 높은 지역(공통요건) + 선택요건 중 1 이상 충족
(1) 주택공급이 있었던 2개월 동안 해당 지역에서 공급되는 주택의 월평균 청약경쟁률이 모두 5:1을 초과하였거나 국민주택규모 주택의 월평균 청약경쟁률이 모두 10:1을 초과한 곳
(2) 주택공급이 위축될 우려가 있는 곳
(분양계획이 30% 이상 감소, 주택건설사업계획승인이 급격하게 감소)
(3) 신도시 개발이나 주택 전매행위 성행 등으로 투기 및 주거불안의 우려가 있는 곳
(주택보급률이 전국 평균 이하, 자가주택비율이 전국 평균 이하, 공급물량이 1순위자에 비해 현저히 적은 경우)

③ 조정대상지역
• 〈주택법〉 제63조의 2에 따라 청약과열이 발생하였거나 청약과열 우려가 있는 지역 또는 분양, 매매 등 거래가 위축되어 있거나 위축될 우려가 있는 지역에 지정할 수 있음
- 직전월부터 소급하여 3개월간 해당 지역 주택 가격상승률이 시도 소비자물가 상승률의 1.3배를 초과한 지역(공통요건) + 선택요건 중 1 이상 충족
(1) 2개월간 청약경쟁률 5:1 초과(국민주택규모 10:1)
(2) 3개월간 분양권 전매거래량이 전년 동기 대비 30% 이상 증가
(3) 시도별 주택보급률 또는 자가주택 비율이 전국 평균 이하

대출, 얼마나 받고 사야 문제가 없을까?
호가·시세·실거래가·급매가 분석
부동산 중개업소 사장님과 친해져야 하는 이유
급매는 못 잡더라도 비싸게는 사지 않는 법
발품을 팔아야 후회가 없다, 6단계 실행 프로세스

(5장)

내 집 마련
실전 노하우

> 5-1

대출, 얼마나 받고 사야 문제가 없을까?

　필자가 MBC 예능 프로그램인 〈구해줘 홈즈〉에 출연했을 때의 일이다. MC인 박나래 씨가 필자에게 "사람들이 물어보는 가장 바보 같은 질문은 무엇인가요?"라고 질문했다. 나는 "'어느 지역에 집을 사야 하는가'입니다"라고 답했다. 순간 스튜디오에 있던 MC 7명은 황당한 표정을 감추지 못했다. 장동민, 양세형, 박나래 그리고 김숙, 김대호, 주우재, 양세찬 등 모든 출연자가 "아니 어느 지역에 집을 사야 하는가, 그것만 물어봐야 하는 것 아닌가요?"라고 반문했다.

　필자가 어느 지역에 집을 사야 하는지, 그리고 지금 사야 하는 와 같은 질문이 바보 같다고 말한 이유는 사는 사람의 상황에 따라 그것이 좋은 판단일지 나쁜 판단일지가 갈리기 때문이다. 어디에 집을 사는가도 중요하다. 그 사람의 소득과 자본이 얼마인지,

대출을 얼마나 받고 사는지, 그래서 그 사람의 실제 미래수익은 얼마인지가 결정되기 때문이다. 다음 장에서 설명하겠지만 특정 지역의 집을 얼마에 사느냐도 매우 중요하다. 앞서 설명한 대로 입지가 좋은 곳이 평균 가격상승률이 높을 수밖에 없으니 똑같은 자본에 동일한 수준의 대출을 받는다면 목표 평형이 작을수록 조금이라도 상위 입지에 살 수 있어 유리하다.

그래서 무주택자가 최초의 1주택을 살 때 30평형 이상인 것보다는 작은 평형인 20평대가 미래를 위해서는 좋은 판단이라고 하는 것이다. 평형을 늘리는 것보다 입지 급수를 올리는 것이 수익률 면에서만 보면 좋은 판단이다. 최근 유튜브를 보면 "30평형 폭망, 이 평형이 더 빨리 올라간다" "30평은 이제 끝났다" 등 자극적인 제목으로 마치 30평대 아파트의 인기가 떨어질 것처럼 말하지만 필자는 꼭 그렇지는 않을 것으로 본다. 미래에도 30평대가 핵심인 것은 맞다. 다만 첫 주택을 30평대로 사는 것은 한정된 자본으로 좀 더 상위 입지로 가는 데 방해요소가 될 수 있다는 의미로 받아들이면 된다.

그럼 이제 어느 정도 대출을 받는 것이 적절한지를 생각해보자. 여기 전세 6억 원짜리 중위가격 아파트에 거주하는 사람이 있다. 이 사람은 이 집에 지금처럼 전세로 계속 거주할 것인지 아니면 집을 사고 1주택자가 될 것인지 고민하고 있다.

우선 집을 산다면 어떤 변화가 생길지 생각해보자. 이 중위가격 아파트의 기댓값은 시장에서 평가한 1.81%다. 이 말은 매년 일률적으로 1.81%가 올라간다는 뜻이 아니라 10년 정도 장기로 예측해볼 때 평균 1.81% 상승이 예상된다는 것이다. 만일 시장의 예측대로 평균 1.81%가 상승한다면 10년 후에 중위가격 아파트의 주택 가격은 다음과 같다. 주택을 취득하면 취득세나 보유세 등의 비용이 있지만 전세의 경우도 이사비용, 중개수수료 등 이사 관련 부대비용이 있으므로 이 부분은 상쇄하고 계산한다.

10년 후 가격: 11억 2,700만 원 × $(1+0.0181)^{10}$ = 13억 4,800만 원

10년간 시세차익: 13억 4,800만 원 − 11억 2,700만 원 = 2억 2,100만 원

대출은 약 5억 원이 필요하다. 대출이자는 시중 5대 은행 2025년 3월 평균 주담대 평균금리 4.2% 기준, 35년 원리금 균등상환으로 월 원리금 227만 4,252원에 최초 1회는 이자가 175만 원이다. 하지만 이자는 원금상환으로 차츰 줄어들어 10년 차에는 148만 원까지 줄어드는데 10년 동안 월평균 161만 5,000원이다. 만일 집을 사지 않았다면 이자 비용인 월 161만 5,000원이 10년 동안 절감됐을 것이다. 그렇다면 그 금액은 10년 후 얼마나 될까? 3% 적금에 넣었을 경우의 기회비용은 다음과 같다.

만기원금: 1억 9,380만 원

세후이자(이자세금 15.4%): 2,479만 8,164원

만기수령액: 2억 1,859만 8,164원

약 2억 1,800만 원으로 예상 시세차익 2억 2,100만 원과 놀라울 정도로 비슷하다. 투자가치가 시장에 가격으로 반영되고 있음을 보여준다.

결론적으로 실수요자라면 전세 6억 원짜리에 살면서 대출 5억 원을 받아 집을 사는 것은 아주 잘못된 판단은 아니라고 본다. 반대로 계속 전세로 산다고 해도 161만 5,000원만 저축한다면 크게 잘못 될 일도 없다. 따라서 중위가격 아파트를 보유한 사람이나 전세를 살면서 저축을 하는 사람이나 그 둘의 자본소득은 미래에 정확히 같아진다. 시장이 두 소득이 정확히 같아지도록 균형점을 가격에 반영하고 있는 셈이다. 그러나 지금 집을 사지 않고 전세 6억 원에 살면서 당장 이자 부담이 없다고 매월 161만 5,000원 정도의 저축을 하지 않고 소비한다면 미래 자산의 차이는 엄청나게 벌어질 것이다.

5-2 호가·시세· 실거래가·급매가 분석

내 집 마련을 준비하다 보면 언젠가 집을 살 정도의 종잣돈(내 돈과 빌릴 수 있는 돈의 합)이 모이고 내 집 마련을 실행할 때가 온다. 하지만 주택 가격에는 여러 가지가 영향을 미쳐서 헷갈리는 경우가 많다. 집을 사기 전에 주택시장의 흐름을 잘 파악하고 그 변화에 대해서도 이해해야만 시행착오를 줄이고 구입 결정을 효과적으로 내릴 수 있다.

평소 주택시장에 대해서 관심을 갖지 않고 있다면 쉽게 결정을 내리기 어렵다. 그래서인지 많은 사람이 내 집 마련에서 가장 궁금해하는 것이 바로 타이밍이다. 대체 언제 집을 사야 하는가? 또 지금이 집을 살 때인가? 이렇게 묻는다는 것은 집을 살 준비는 됐지만 아직 결정하지 못하고 있다는 뜻이기도 하다.

집을 사는 시기가 따로 있는 것은 아니다. 모든 사람이 집을 사야 한다고 말하는 때라도 지나치게 비싼 가격에 사면 잘못 산 것이 되고 이구동성으로 집을 사지 말라고 하는 때라도 싼 가격에 산다면 잘 산 것이 될 수 있기 때문이다. 따라서 주택시장을 아는 것의 첫걸음은 바로 주택 가격을 이해하는 것이다. 앞서 주택 가격이 어떤 원리로 결정되는지를 배웠지만 이것은 언제나 정확히 딱 떨어지는 것은 아니기에 평소 수시로 가격의 흐름을 확인하면서 변화를 잘 파악해야 한다.

호가와 시세란 무엇인가?

주택시장의 공급에는 크게 분양공급과 매도공급이 있다. 분양공급이란 새로 지은 집을 시장에 내다 파는 것으로 인해 생기는 주택공급을 말한다. 이때 가격은 분양가라고 해서 딱 정해져 있다. 한편 매도공급이란 주택소유자가 집을 팔기 위해 시장에 내놓은 것으로 인해 생기는 주택공급이다. 이때 주택 가격을 집을 팔려는 사람이 '부르는呼 값價'이라고 하여 호가라고 말한다.

아무리 호가가 높더라도 오래도록 그 가격에 팔리지 않으면 그 호가가 시세時勢가 될 수는 없다. 시세는 지역별로 부동산 중개업소의 실거래가를 조사하고 또 시장에 나온 매물의 호가 등을 기준으로 부동산 시세 사이트마다 공시하는데 한동안 시세 사이트와 실제 가격에 차이가 있었다. 주택을 팔려는 사람들이 가격을 올리기 위해 높은 가격에 매물을 내놓거나 반대로 매수자를 유인하려고 터무니없이 싼 가격에 매물을 내놓는 등 허위매물이 많았기 때문이다. 주택시장에서 가장 많이 사용되는 부동산 시세 사이트는 'KB부동산시세'다. 과거 국책은행이었던 주택은행이 전신이어서 오래전부터 공신력을 갖고 있으며 금융권 대부분이 주택대출금액을 산정할 때 이 사이트의 일반거래가 시세를 사용한다.

높은 호가라도 그 가격에 사는 사람이 생긴다면 시세는 자연히 올라간다. 하지만 반대로 해당 호가에 사려는 사람이 없다면 시세는 낮아진다. 호가는 현재 나와 있는 매물의 가격을, 시세는 직전까지에 거래 분위기를 반영한 평균 가격이라고 보면 된다. 따라서 호가가 장기간 시세보다 높다면 매물이 줄어들고 가격이 상승할 가능성이 있는 '매도자 우위 시장' 분위기가 형성될 수 있다. 반면 장기간 시세보다 낮은 호가가 있다면 매물이 늘어나고 가격이 하락할 가능성이 있는 '매수자 우위 시장' 분위기가 형성될 수 있다.

> **시장 형성의 원리**
>
> - 장기간 호가 > 시세 → 매물이 줄어들 가능성 있음
> - 장기간 호가 < 시세 → 매물이 늘어날 가능성 있음

한 가지 주의할 점은 여기서 말하는 시세와 호가는 부동산 시세 사이트에 나온 가격을 보는 것이 아니라 직접 중개업소에 문의해서 확인해야 한다는 것이다. 요즘 아무리 사이트가 시장 분위

기를 빠르게 반영한다고 하지만 매도공급은 하루 사이에도 매물을 거두어들이거나 가격을 바꿀 수 있기 때문에 실제 중개업소에 반드시 전화로 확인해야 한다.

실거래가와 급매가란 무엇인가?

대표적인 부동산 사이트에 나온 시세를 무조건 적정가격이라고 생각해서는 안 된다. 물론 참고 기준이 되지만 시장에서는 사소한 뉴스에도 상황이 변할 수 있고 실제 매도자가 집을 내놓는 사정을 속속들이 알 수 없기 때문이다. 수급(주택의 실제 수요와 공급)에 따라 얼마든지 시세가 바뀔 수 있다. 따라서 시세보다는 실거래가와 호가를 보며 시장의 분위기를 파악하는 것이 옳다.

여기서 실거래가란 실제로 거래된 가격 정보를 말하는데 이것은 취등록세나 향후 양도소득세 자료로 사용되기 때문에 허위로 신고하기 어렵다. 실거래가는 국토교통부 실거래가 공개시스템(http://rt.molit.go.kr)에서 제공되는데 요즘은 대부분의 부동산 시세 사이트가 이 정보를 그대로 제공하므로 최근 실거래가의 변화를 쉽게 확인할 수 있다. 여기에 매도자가 내놓은 실제 매물의 호가를 참고해보면 시장의 분위기를 파악할 수 있다.

그렇다면 급매가는 무엇일까? 이것은 매도자가 급히 팔아야 하는 사정이 있어 시세보다 매우 낮은 가격에 내놓은 매물을 말한다. 따라서 매수자 입장에서는 급매가 매물을 잡는다면 더할 나위 없이 좋은 거래가 된다.

만일 최근에 실거래가의 흐름을 파악하고 있다면 이 가격이 진짜 급매가인지를 바로 알 수 있다. 하지만 실거래가 흐름을 모른다면 중개업소에서 하는 급매가라는 말만 듣고 성급히 집을 살 수도 있다. 따라서 평소 관심 있는 지역은 수시로 실거래가를 확인해야 한다. 보통 주택시장에서 급매가란 매도하는 매물이 적은 시기에는 과거 실거래가보다 5% 정도 낮은 매물을 말하며 매물이 많을 때는 시세보다 10% 정도 낮은 매물을 말한다.

요즘 부동산 시세 사이트는 실거래가와 나와 있는 매물의 호가를 기준으로 보여준다. 관심 있는 아파트를 지정해두면 해당 아파트에 관한 정보가 올라올 때마다 알람을 보내주며 실거래가 이루어진 매매 정보가 있을 경우 실시간으로 그 내용을 알려주기 때문에 시장 상황을 파악하기에 수월하다.

부동산 시세 확인하기

- 모바일에 부동산 시세 앱 깔기
- 현재 거주 중인 주택과 관심을 둔 아파트 두세 곳 알람 설정(실거래가 정보와 뉴스를 실시간으로 볼 수 있음)

― 부동산 앱 '호갱노노'에서 본 매물 가격

(5-3)

부동산 중개업소 사장님과 친해져야 하는 이유

 강호동, 이경규 씨가 모르는 집을 깜짝 방문해 한 끼를 얻어먹는 오래전 예능 프로그램에서 어떤 지역을 방문하면 맨 처음 찾는 곳이 바로 부동산 중개업소였다. 그만큼 부동산 중개업소는 지역을 잘 아는 전문가이자 지역 정보를 쉽게 얻을 수 있는 곳이다. 아무리 부동산 앱을 깔고 실거래가나 시세 정보를 파악한다고 하더라도 현장과는 약간의 차이가 있기 마련이다. 따라서 부동산 중개업소와 '핫라인'을 유지하는 것은 좋은 매물을 찾는 데 매우 중요한 방법이다.

 당신은 지금 거주하는 곳의 부동산 중개업소 사장님과 얼마나 친한가? 많은 경우 전세계약을 할 때 한두 번 마주하는 것이 전부일 것이다. 혹시 향후 집을 산다면 그때도 매매 계약서를 작성할 때 이외에는 볼 일이 없을 것이라고 생각할 수 있다. 하지만 당신이 주택시장의 흐름을 가장 잘 이해하는 방법은 바로 지역 부동산 중개업소 사장님과 친해지는 것이다.

현재 거주하는 곳과 앞으로 목표로 하는 곳이 다르다고 할지라도 우선은 본인이 거주하는 곳의 중개업소 사장님과 자주 대화하는 것은 꽤 큰 도움이 된다. 그러다 보면 뜻밖에 많은 정보를 얻을 수도 있고 내 집 마련 전략을 짜는 데 필요한 조언을 받을 수도 있기 때문이다. 아울러 집을 살 타이밍을 보고 있다면 목표로 하는 지역의 부동산 중개업소를 자주 방문해야 한다. 본인이 목표로 하는 똘똘한 아파트 한 채, 그 지역을 가장 잘 아는 사람은 바로 그 지역 부동산 중개업소 사장님이란 사실을 꼭 명심하자.

이효진 씨(47세, S 제약 차장)의 가정은 직장인 남편과 11세 아들까지 3인 가구다. 효진 씨는 40세가 되기 전인 2016년에 이미 내 집 마련에 성공했는데 그 성공담을 들려주었다. 그녀가 성공담이라고 자신 있게 말하는 이유는 집을 산 이후 몇 년간 집값이 많이 오른 데다 그 집을 급매가로 샀기 때문이다. 사실 현장에서 그런 매물을 잡기란 쉽지 않다.

그녀는 육아휴직 시기에 서울 영등포구 문래동 $80m^2$(24평) 아파트에서 전세로 살고 있었다. 종일 돌이 갓 지난 아이와 씨름하다 보면 하루가 어떻게 지나는지 까맣게 잊고 살 지경이었다. 하지만 아이가 24개월이 넘고 오전 동안 놀이방에 맡길 수 있게 되면서 그녀는 약간의 여유가 생겼다고 한다. 우연히 아파트 시세를 물어보려고 들른 동네 부동산에서 그녀는 한참 언니뻘 되어 보이는 실장님을 만났다.

처음에 주택에 관한 이야기를 나누다가 부동산 정보뿐만 아니라 아이 키우는 이야기, 동네 돌아가는 소식, 심지어 문화센터에 어떤 무료강좌가 있다든지 또 어느 가게 상품이 싸다든지 하는 시시콜콜한 깨알 정보까지 접하게 됐다고 한다. 부동산이 지역사회의 현실감 있는 정보를 얻는 중요한 창구가 된 것이다.

그 이후로 효진 씨에게 동네 부동산은 참새가 방앗간을 들르듯 하루에 꼭 한 번 들러 커피를 마시는 사랑방이 됐다. 그녀가 실장님과 특히 더 친해진 계기는 두 사람의 고향이 똑같이 청주라는 것을 알게 되면서부터다. 그녀는 처음에는 비싼 서울 집값 때문에 내 집 마련 생각을 구체적으로 하지 못했지만 실장님과 매일 수다를 떨며 여러 정보를 귀동냥하다 보니 자연스레 집에 대한 목표가 생겼다고 한다.

"실제로 현장 이야기를 들어보면 그냥 인터넷으로 보는 것과는 느낌이 천지 차이가 나요!"

언니 동생 하며 많은 이야기를 나누다 보니 그녀의 사정이나 목표를 정확히 알게 된 실장님. 그녀에게 괜찮은 매물이 나오면 그녀에게 먼저 알려주기도 하고 다른 지역이라도 괜찮은 매물이 나오면 귀띔을 해주었다고 한다. 그러던 어느 날 실장님에게서 황급한 전화가 걸려왔는데, 그녀가 그동안 눈여겨보던 곳의 바로 옆 아파트가 급매물로 나온 것이었다. 급매물이라고 하더라도 시세보다 보통 5% 정도 낮은데 무슨 사정인지 10% 가까이 싸게 나온 그야말로 보기 드문 알짜 급매물이었다. 가격으로 보면 바로 사려는 사람이 곧 나올 만한 상황이었다.

당시 그 아파트의 시세는 6억 3,000만 원이었지만 그녀는 실장님의 도움으로 급매가 5억 8,500만 원에 그 집을 계약했다. 대출을 받긴 했지만 시세보다 매우 싼 가격으로 구입하는 데 성공한 것이다.

그 일이 있은 후 집값도 많이 올라 그녀는 실장님의 조언과 도움으로 집을 산 것이 탁월한 결정이었다고 말한다. 그도 그럴 것이 2018년 한 해 동안 전국 지역별 아파트 가격 상승률 1위를 차지한 곳은 강남이 아니라 서울 영등포구다. 5억 8,500만 원에 구입한 아파트의 현재 실거래가는 9억 원을 훌쩍 넘어섰다. 이제 집값의 대출 비율은 크게 부담이 되지 않을 정도로 낮아졌다. 그녀는 복직한 이후에도 토요일이면 어김없이 이제는 다른 동네가 된 그 부동산에 들러 언니라고 부르는 그 실장님과 많은 대화를 나눈다고 한다.

사실 알짜 급매물은 특별한 사정이 있는 경우가 아니면 나오지 않는다. 예컨대 해외로 갑자기 이사를 해야 하는 상황이거나 급히 처분해 현금을 확보해야 하는 상황, 그중에서도 인기 지역은 이혼 아니면 상속과 같은 아주 특별한 가정사가 아니고서는 급매물이 절대 나오지 않는다. 이런 식으로 남의 집 숟가락이 몇 개인지까지 아는 것은 결국 부동산 중개업소밖에는 없다. 그렇다면 중개업소 사장님은 이런 알짜 매물을 누구에게 줄 것인가? 생각해보자.

당연히 1순위는 즉시 매매 결정을 내릴 수 있는 사람이다. 부동산 중개사에게는 집이 얼마에 팔리는가도 중요하겠지만 그보다는 계약이 빠르게 진행되는 것이 더 중요하다. 가격을 가지고 밀고 당기기를 하다가 매매 타이밍을 놓치면 안 되기 때문이다. 또 지금과 같이 매물 하나의 정보를 여러 중개업소가 공유하는 상황에서는 시간을 끌다가 거래 기회를 다른 중개업소에 빼앗긴다. 따라서 바로 거래가 성사될 수 있는 것이 최우선인 것이다.

하지만 중개업소 사장님들은 보통 이런 매물을 구하는 사람들을 이미 여럿 알고 있다. 따라서 그중에서도 이런 정보를 가장 먼저 주는 사람은 자신과 가장 친한 사람이라고 봐야 한다. 이런 거래는 그 자리에서 바로 경제적 이익이 생기기 때문에 거래가 가장 빨리 이루어질 사람, 거기에 가족이나 가장 친한 사람이 대상자일 수밖에 없다. 당신이 목표로 하는 지역의 부동산 중개업소 사장님과 친해야 하는 이유가 바로 여기에 있다.

부동산 중개업소와 친분 쌓기

- 본인이 거주하는 곳의 부동산 중개업소 방문하기
- 본인이 목표로 하는 곳의 부동산 중개업소 방문하기
- 명함 받기, 주변 정보 듣기, 전세·월세·매매가 분위기 파악하기

5-4
급매는 못 잡더라도
비싸게는 사지 않는 법

매도자 우위 시장과
매수자 우위 시장을 파악하라

주택시장은 주식처럼 매일 많은 거래가 이루어지는 것이 아니어서 시장의 동향을 실시간으로 파악하기란 쉽지 않다. 만일 시장 심리가 상승 쪽으로 돌아서면 매도자 대부분이 더 높은 가격에 팔기 위해 매물을 거둬들이거나 호가를 올려버리기 때문에 거래 자체가 없는, 그야말로 파는 사람들이 칼자루를 쥐는 매도자 우위 시장이 형성되기 일쑤다.

반대의 상황이 벌어지면 사는 사람이 칼자루를 쥔 매수자 우위 시장이 형성되는 것이 맞겠지만 현실에서 매수자 우위 시장이 나타나는 경우는 매우 드물다. 부동산에 악재가 될 만한 정책이나 부정적인 뉴스가 나오면 집을 팔려는 사람이 늘어나는 것이 아니라 일단은 버티면서 분위기가 바뀌길 기다리기 때문이다.

그도 그럴 것이 우리나라에서는 사람들이 선호하는 인기 지역의 주택공급은 결국 신규 분양보다는 매도공급이 대부분이며 집을 보유한 사람의 80% 이상이 1주택자이기 때문에 집을 팔 일이 많지 않다. 설사 하나뿐인 집을 판다고 하더라도 이것은 결국 기존 집을 팔고 다른 곳에 집을 사려는 이유에서다. 따라서 시장의 심리가 얼어붙으면 대개 때를 기다리는 전략을 취한다. 그래서 여간해서는 매수자 우위 시장이 나타나지 않는다.

시장 심리는 지역별로 다르기 때문에 개별 물건의 정보를 중개업소나 부동산 시세 사이트를 통해 자주 모니터링해야 한다. 우선 기본적인 가격 정보를 봤을 때 가장 최근의 실거래가보다 호가가 높고 매물의 수가 세대수에 비해서 적거나 없다면 이곳은 매도자 우위 시장일 수 있다.

다음 이미지를 보자. 이미지 기준 이 아파트의 한 달 전 실거래가는 7억 9,500만 원이다. 전세는 평균 5억이고 반전세(월세)는 보증금 2억에 월세 90만 원 정도다. 그렇다면 실거래가보다 호가가 훨씬 높다. 또 매물이 드문 상황을 보면 매도자 우위 시장이 형성돼 있다고 볼 수 있다.

하지만 매도자 우위 시장이라고 해서 앞으로 무조건 가격이 오른다고 장담하기는 어렵다. 한 달 전 실거래가에 비해 20% 가까이 호가가 올라갔다면 이는 정상적인 가격 상승이 아니다. 그사이

네이버 부동산의 매도자 우위 시장 예시

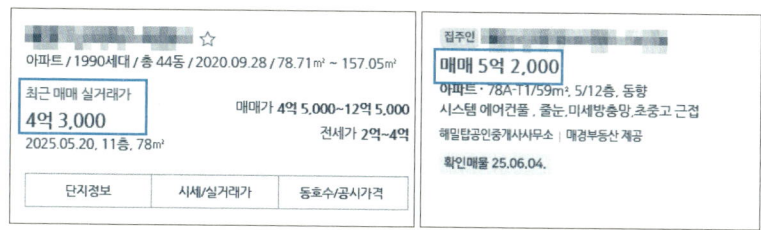

에 이 아파트만의 특별한 호재가 있어야 한다. 그것이 무엇인지 파악해야 하는 것이다. 만일 가격이 올랐다면 새로운 매수자가 그 이유를 충분히 납득할 수 있어야 한다. 매수자가 납득할 만한 특별한 호재가 아니라면 아무리 매물이 없다고 하더라도 실거래가보다 20%나 비싼 가격은 그냥 호가에 불과하다. 이런 경우 무턱대고 추격 매수를 할 게 아니라 신중하게 살펴봐야 한다.

기본적인 가격 정보에서 최근에 실거래가보다 호가가 낮고 매물도 여럿 나와 있는 상황이라면 매수자 우위 시장일 수 있다.

이미지 기준 이 아파트의 한 달 전 실거래가는 6억 4,200만 원이었다. 전세는 평균 3억 8,000만 원이고 반전세(월세)는 보증금 9,000만 원에 월세 90만 원 정도다. 그렇다면 현재 실거래가보다 호가가 약간 낮다. 만일 목표로 하는 아파트가 이와 같은 상황이라면 강력한 매수자 우위 시장은 아니지만 그래도 호가가 실거래가보다 낮은 만큼 여러 매물을 접촉해서 협상력을 높일 수 있다. 여러 매물을 보고 조금이라도 가격을 낮출 수 있는 전략을 취할 필요가 있다.

— 네이버 부동산의 매수자 우위 시장 예시

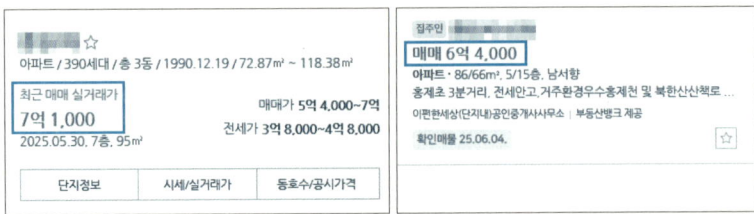

집을 매수할 때 목표하는 시장이 매수자 우위 시장인지 매도자 우위 시장인지 아니면 보합세 상태인지를 먼저 파악하는 것은 가격협상 전략을 구상하는 데 중요한 과정이다. 현재 눈여겨보는 곳의 시장 상황을 먼저 파악해보라.

갑자기 비싸진 집, 그 이유를 모른다면 신중하라

집을 산 결정이 잘한 것인지 아닌지는 시간이 한참 지나야 결과론적으로 평가할 수 있다. 하지만 당장 조금이라도 싸게 살 수 있다면 그만큼 이익이다. 따라서 매수자 입장에서 최선책은 급매물을 잡아 시세보다 낮은 가격에 사는 것이다. 하지만 앞서 언급했듯 이런 기회를 잡기란 정말로 어렵다. 만일 최선책이 어렵다면 차선책을 선택해야 한다. 차선책이란 바로 마땅한 이유 없이 너무 비싼 집은 피하는 것이다.

> **매수자의 최선책과 차선책**
>
> - 최선책: 싸게 사는 것(급매물)
> - 차선책: 절대 비싸게 사지 않는 것
> → 마땅한 이유가 없는 너무 비싼 집은 피하라

최근 주택시장에 자주 나타나는 매수자 우위 시장 때문에 시장을 꾸준히 관찰하지 않으면 갑자기 가격이 상승한 아파트를 조급한 마음에 추격 매수하게 될 수도 있다. 그 이후에 계속 가격이 상승한다면 몰라도 그렇지 않다면 너무 비싼 가격에 사들인 것을 두고두고 후회하게 된다.

그렇다면 마땅한 이유 없이 갑자기 비싸진 아파트 매물을 어떻게 알고 피할 수 있을까?

뚜렷한 호재 없이 매도자가 무리하게 호가를 올린 경우를 잘 가려내야 한다. 앞서 2장에 나오는 주택 가격의 형성원리(95페이지 참조)에 의거해 가격에 거품이 있는지 확인해보자. 결국 주택도 자산이다. 따라서 주택의 자산가격은 이 자산에서 발생하게 될 미래 현금 흐름(월세나 전세에서 나오는 현금 흐름)이 지금 어떻게 평가되는가에 달려 있다. 따라서 월세나 전세의 현금 흐름을 확인해보면 어느 정도 판단할 수 있다.

같은 지역 매물 3곳의
월세 대비 호가를 비교해보자

갑자기 비싸진 아파트를 피하고 현명하게 매수하려면 우선 같은 지역에 있는 매물 3곳을 동시에 비교해볼 필요가 있다.

박현영 씨(37세, 프리랜서)는 아이의 초등학교 입학을 앞두고 내 집 마련에 나섰다. 같은 지역에서 아파트 매물 3곳을 보았는데 3곳 모두 이렇다 할 호재는 없고 아이를 초등학교에 보내기 무난한 곳이었다. 그런데 그중 남편의 회사로 직행하는 버스 정류장이 가까운 D 아파트가 처음부터 눈에 들어왔다. 하지만 최근 실거래가가 가장 낮은데도 현재 매물이 거의 없어서인지 호가가 7억 2,000만 원으로 실거래가 대비 가장 많이 치솟아 있다는 것이 마음에 걸렸다. 협상을 통해 가격을 좀 깎는다고 해도 1,000만 원 이상 낮아지지는 않을 분위기다.

현영 씨는 최근 가격이 크게 높아진 D 아파트를 그냥 사는 것이 맞을까? 우선 주변 아파트의 현금 흐름을 계산해보자.

— 매물 3곳 비교

구분	평형	실거래가	호가	최고 월세가	전세 평균	매물
S 아파트	110m² (33평)	7억 3,000만 원	7억 5,000만 원	1억/75만 원	4억 2,000만 원	4개
L 아파트	105m² (32평)	7억 1,000만 원	7억 4,000만 원	9,000만/80만 원	4억 1,000만 원	3개
D 아파트	100m² (30평)	6억 3,000만 원	7억 2,000만 원	5,000만/70만 원	3억 9,000만 원	없음

S 아파트

① 보증금 1억 원 × 은행이자 1.5% = 연간 150만 원

② 월세 75만 원 × 12개월 = 연간 900만 원

→ 연간 현금 흐름: 1,050만 원

L 아파트

① 보증금 9,000만 원 × 은행이자 1.5% = 연간 135만 원

② 월세 80만 원 × 12개월 = 연간 960만 원

→ 연간 현금 흐름: 1,095만 원

S 아파트는 연간 1,050만 원, L 아파트는 연간 1,095만 원이 들어오는 현금 흐름이다. 현재 이 아파트에 투자하는 사람들의 요구수익률은 다음과 같다.

$$\text{S 아파트}: 7억 5,000만 원 = \frac{1,050만 원}{1.40\%}$$

$$\text{L 아파트}: 7억 4,000만 원 = \frac{1,095만 원}{1.48\%}$$

S 아파트는 연간 1,050만 원이 들어오는데 호가가 7억 5,000만 원이다. 투자자는 7억 5,000만 원을 투자해서 1년에 1,050만 원을 버는 셈이다. 이때 요구수익률은 1.40%다. 또 L 아파트는 연간 1,095만 원이 들어오는데 호가가 7억 4,000만 원이니 요구수익률은 1.48%라는 결론이 나온다. 이 정도면 은행예금 금리 수준

인 1.5%보다도 낮은 요구수익률이다. 이렇게 아파트에 대한 요구수익률이 낮은 수준이 되려면 이들 아파트에서 나오는 미래 현금 흐름이 은행예금에서 나오는 이자보다 더 안정적이어야 한다. 과연 그럴까?

　서울에서 아이를 학교에 보내기 좋은 아파트는 사실상 공실이 될 리스크가 제로에 가깝기 때문에 은행예금 이상의 안정적인 자산으로 평가된다. 또 향후 은행 금리는 더 낮아질 우려가 있다는 점을 고려하면 이 두 아파트의 평균적인 요구수익률이 은행 금리와 비슷한 수준인 1.45%인 것은 결코 이상한 일이 아니다. 따라서 가격은 그리 비싸다고 볼 수 없다. 그렇다면 현영 씨가 마음에 둔 D 아파트는 어떨까? 우선 D 아파트의 연간 현금 흐름을 계산해보자.

① **보증금 5,000만 원 × 은행이자 1.5% = 연간 75만 원**
② **월세 70만 원 × 12개월 = 연간 840만 원**
→ **연간 현금 흐름: 915만 원**

　D 아파트는 연간 915만 원이 들어오는 현금 흐름이다. D 아파트의 연간 현금 흐름에 주변 아파트인 S 아파트와 L 아파트의 평균적인 요구수익률인 1.45%를 적용한 것이 주변 시세 대비 D 아파트의 적정가격이다. 계산해보면 적정가격은 6억 3,000만 원으로 나온다. 따라서 현재 호가인 7억 2,000만 원은 주변 시세에 비

해 무려 9,000만 원이나 올라가 있는 것이다.

$$6억\ 3,000만\ 원 = \frac{915만\ 원}{1.45\%(평균요구수익률)}$$

　D 아파트가 시장에서 정말로 7억 2,000만 원이 되려면 올라간 호가만큼 이 아파트의 사용가치에 바로미터가 되는 월세나 전세가 그에 상응하게 올라가 S 아파트나 L 아파트와 비슷한 수준이 돼야 한다. 만일 그 수준으로 현금 흐름이 상승한다면 호가 7억 2,000만 원은 실거래가로 인정될 수 있을 것이다.

　그렇다면 왜 유독 이 아파트만 현금 흐름에 비해 높은 호가로 것일까? 그것은 바로 D 아파트가 현재 매물이 없기 때문이다. 다른 경쟁 매물이 없으니 가격을 마음대로 높게 올릴 수 있다. 높게 올린 가격에 팔린다면 좋고 아니면 말고 식의 호가일 수도 있다는 것이다. 또 하나의 가능성은 이 아파트에 대한 수요자가 많아서 매도자가 향후 가격 상승을 예상하고 내놓지 않는 것일 수도 있다. 그러나 D 아파트를 충분히 대체할 만한 아파트 매물이 있는 것을 보면 이 가능성은 낮다.

　만일 누군가가 이런 점을 고려하지 않고 이 아파트를 7억 2,000만 원에 사들여 실거래가가 7억 2,000만 원을 찍었다고 하더라도 월세나 전세를 통한 현금 흐름이 개선되지 않는 한 아파트 가격은 올라갈 수 없다.

　물론 모든 아파트가 당장 월세나 전세가 올라가지 않아도 향후 예금금리가 더 낮아진다면 시장 요구수익률은 더 낮아질 테니 아파트 가격의 상승 여지는 있다. 실제로 현재 은행의 예금금리는 1.5% 아래로 내려가고 있기 때문에 인기 지역의 안정적인 현금흐름이 예상되는 아파트는 요구수익률이 1.2~1.3% 수준으로 나온다.

5-5

발품을 팔아야 후회가 없다, 6단계 실행 프로세스

요즘은 집을 구하러 다니기 전에 인터넷으로 매물을 검색하는 것은 물론이고 집 주변과 심지어 실내 모습까지 입체영상으로 확인하기도 한다. 이렇게 하면 바쁜 현대인은 시간을 절약할 수 있고 편리함도 배가되지만 실제로 좋은 집을 구하려면 발품('걸어다니는 수고'란 뜻으로 직접 눈으로 확인하는 것)을 많이 팔아야 한다. 매물을 많이 보면 볼수록 자신에게 딱 맞는 집을 찾을 확률이 높아진다. 직접 눈으로 확인하는 것은 대중교통이나 차를 타고 이동을 해봐야만 실제 매물을 잘 파악할 수 있고 특히 입지가 다른 여러 곳을 방문해야 객관적인 비교가 가능하기 때문이기도 하다.

따라서 똘똘한 한 채를 마련하려면 여러 곳에 발품을 팔 각오를 해야 한다. 그렇다고 무작정 이곳저곳을 헤매듯 다닐 수는 없다. 다음의 내 집 마련 실행 프로세스를 보면서 행동으로 옮겨보자.

— 내 집 마련 실행 프로세스

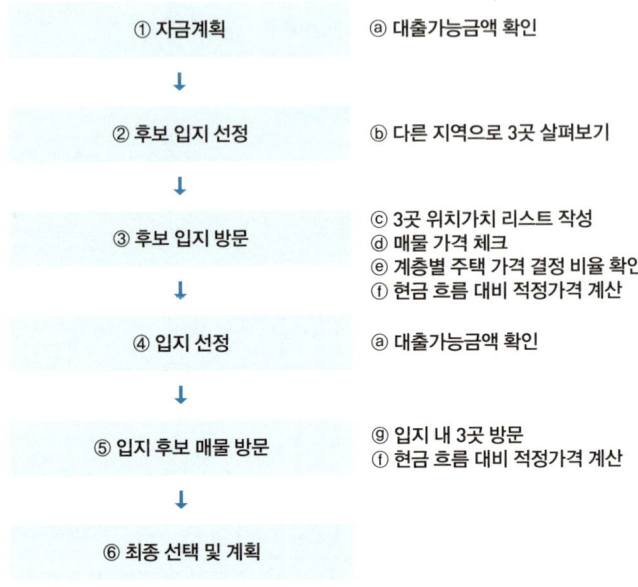

① 자금계획

제4장(236페이지)에서 주택담보인정비율LTV과 총부채상환비율 DTI 자료를 확인하여 집을 살 때 어느 정도 대출이 가능한지, 또 그 대출금액과 본인의 자금을 합쳐서 최대 어느 가격대의 집을 살 수 있는지 확인해보자. 아울러 집을 구입하게 되면 집값 이외에도 구입 가격의 일정 비율로 취득세와 등록세를 내야 하고 이사비용과 부동산 중개수수료와 같은 기타 비용이 있으므로 이런 자금까지 함께 계산해야 할 것이다.

— 주택 취득세 세율표

매매가격	주택					
	6억 원 이하		6억 원 초과~9억 원 이하		9억 원 초과	
전용면적	85m² 이하	85m² 초과	85m² 이하	85m² 초과	85m² 이하	85m² 초과
취득세	1%	1%	2%	2%	3%	3%
지방 교육세	0.1%	0.1%	0.2%	0.2%	0.3%	0.3%
농어촌 특별세	–	0.2%	–	0.2%	–	0.2%
합계	1.1%	1.3%	2.2%	2.4%	3.3%	3.5%

— 단계 ① 나의 대출가능금액

대출가능금액	본인 자금	취등록세	이사비용	중개수수료	총금액
억 원	억 원	만	만	만	

② 후보 입지 선정

자금 수준이 결정되면 입지가 다른 집을 3곳 정도 선정해서 비교 분석을 해볼 필요가 있다. 같은 지역의 집 3곳을 비교하는 것도 필요하지만 그 이전에 먼저 입지가 완전히 다른 3개 지역 비교는 좋은 집을 마련하는 데 필수다. 지역마다 특징이 다르기에 한 지역만 보면 객관적인 판단이 어렵기 때문이다. 이때 부동산 시세 사이트를 이용하면 효과적이다. 같은 가격대의 아파트라고 하더라도 장단점이 모두 다르다. 당장의 사용가치도 생각해야 하지만 미래의 상대가치가 더 높아질 곳을 선정하는 것도 중요하다.

단계 ② 후보 입지

지역		아파트명	평형	실거래가	호가	매물 수
구	동		m²(평)	만	만	
구	동		m²(평)	만	만	
구	동		m²(평)	만	만	

③ 후보 입지 방문

이제 주말을 이용해서 후보 입지의 대표 매물을 차례대로 방문해보자. 이동은 되도록 자가용보다는 대중교통을 이용하는 것이 좋다. 실제 대중교통을 이용해 집에 접근해보면 주변 환경과 느낌을 세밀하게 관찰할 수 있기 때문이다. 이때 반드시 ⓒ 위치가치 점검 리스트(101페이지 참조)를 지참해 살펴보도록 하자. 다만 리스트 평가는 중개업소의 의견을 참고하되 되도록 객관적으로 작성하고 나중에 3곳의 입지를 상대평가해서 작성하라.

객관적으로 평가하라는 뜻은 예를 들어 '③ 교통과 도심접근성' 항목에서 질문을 주관적으로만 해석해서 본인의 직장과 가장 가까우면 무조건 우수, 그렇지 않으면 보통으로 체크해서는 안 된다는 것이다. 향후 집값이 높아질 지역은 많은 사람에게 편리한 곳이지 유독 본인에게만 편리한 곳이 아니다. 또 상대적으로 평가하라는 뜻은 3곳 모두 어느 정도 괜찮다고 해서 모두 우수로 체크하면 안 되고 그중에서도 가장 뛰어난 곳을 우수, 다음을 보통, 매우 부족한 곳이 있다면 부족의 순으로 체크한다는 의미다. 우수 1곳, 보통 2곳 정도는 괜찮으나 3곳 모두 우수 또는 3곳 모두 보통과 같은 식으로 평가하지는 말라.

그다음 3곳에 나와 있는 ⓓ 매도매물의 가격을 확인하고 협상으로 얼마나 낮아질 여지가 있는지를 확인한다. 또 위치가치 점검 리스트에 나오는 4개의 항목 중에서 어느 것이 집값에 가장 큰 영향을 미치는지 ⓔ 주택 가격 결정 비율을 확인해서 점검 리스트에 반영해야 한다. 부유층, 중산층, 서민층 아파트의 가격은 치안, 교육, 교통, 환경 항목의 결정 비율이 모두 다르기 때문이다.

> **주택시장의 결정요인**
>
> - 부유층 주택시장: 치안환경 35%, 교육환경 35%, 교통 및 도심접근성 15%, 자연환경 15%
> - 중산층 주택시장: 치안환경 30%, 교육환경 30%, 교통 및 도심접근성 30%, 자연환경 10%
> - 서민층 주택시장: 치안환경 15%, 교육환경 15%, 교통 및 도심접근성 60%, 자연환경 10%

주택시장 결정요인에서 결정 비율이란 향후 주택 가격 안에서 4가지 요인 간에 상대적으로 차지하는 비율을 말하는 것이지 다른 지역에 비해서 그 요인이 좋거나 나쁘다는 의미는 아니다. 예를 들어 부유층 아파트 시장에서 주택 가격 결정요인 중 도심접근성의 비율은 15%로 중산층 30%보다 낮다고 해서 그 아파트가 도심접근성이 나쁘다는 의미는 아니란 것이다.

또 부유층과 중산층을 나누는 기준은 무 자르듯 딱 떨어지지 않으므로 어떤 요인이 더 높은 비율을 차지하는지를 확인해서 요인별로 가중치를 규려해 위치가치 점검 리스트의 점수를 계산해 보길 바란다.

서민층 주택시장에서 같은 입지에 속하는 A 아파트와 B 아파트의 점수를 가중치를 적용해서 계산해보자. 이때 다른 입지 3곳을 동일한 가중치, 동일한 방법으로 계산해야 한다. 항목별 평가에서 우수는 3점, 보통은 2점, 부족은 1점을 주기로 했다.

리스트를 체크한 결과 다음과 같은 결과가 나왔다. A 아파트의 ① 치안은 11점 ② 교육은 14점 ③ 교통은 9점 ④ 환경은 12점이다. 총점은 46점이다.

B 아파트의 ① 치안은 10점 ② 교육은 8점 ③ 교통은 14점 ④ 환경은 13점이다. 총점은 45점이다.

하지만 서민층 주택시장의 결정요인 가중치는 치안환경 15% 교육환경 15% 교통 및 도심접근성 60% 자연환경 10%이며, 이것을 적용하면 결과는 달라진다. 총점에서는 A 아파트가 앞섰지만 가중치를 적용한 환산점수로 보면 B 아파트가 더 좋은 평가를 받게 된다.

위치가치 점검 리스트: A 아파트

우수 3점 | 보통 2점 | 부족 1점 (상대 평가)

① 치안환경

항목	점수
주택을 중심으로 반경 0.5㎞(도보 10분) 이내에 유해환경과 유해시설이 있는가	3
주택에서 대중교통 이용지점까지 도보 이동경로에 치안환경은 어떠한가	2
주택을 중심으로 반경 0.2㎞(도보 3분) 이내에 외지인의 출입이나 접근이 있는가	2
주택의 주차시설과 공간은 야간에 사용 시 안정성과 용이함이 있는가	1
주택이 자연재해(산사태, 지진, 해일, 홍수 등)로부터 안정성을 갖추고 있는가	3

② 교육환경

항목	점수
학생들의 거주지는 주변 동일한 수준의 주택으로 단일화된 편인가	3
주택 거주자들의 전반적인 소득 수준과 교육열은 높은 편인가	2
초등학교는 접근이 용이하고 도보로 안전하게 등하교가 편리한 편인가	3
중고등학교는 접근이 용이하고 좋은 면학 분위기가 형성되어 있는 편인가	3
사교육시설(학원) 접근이 용이하고 다양한 선택이 가능한 편인가	3

③ 교통과 도심접근성

항목	점수
중심업무지구로 대중교통을 통해 편리하게 접근할 수 있는가	2
주택에서 고속도로의 접근이 용이한가	2
주택에서 도시고속화도로의 접근이 용이한가	2
주택에서 대중교통망과의 연계성이 우수한가	1
주택에서 지하철역과의 접근성이 용이한가	2

④ 자연환경 인접/조망권

항목	점수
집 안에서 강, 호수, 천과 같은 자연적인 물이 보이는가	2
주택 주변에 강, 호수, 천과 같은 자연적인 물이 있는가	3
집 안에서 인공장애물이 없이 자연의 녹지가 보이는가	3
주택 주변에 자연적인 녹지나 인공적으로 조성한 공원이 있는가	2
집 밖으로 조망권이 얼마나 멀리 확보되는가	2

위치가치 점검 리스트: B 아파트

우수 3점 | 보통 2점 | 부족 1점 (상대 평가)

① 치안환경

	점수
주택을 중심으로 반경 0.5㎞(도보 10분) 이내에 유해환경과 유해시설이 있는가	2
주택에서 대중교통 이용지점까지 도보 이동경로에 치안환경은 어떠한가	2
주택을 중심으로 반경 0.2㎞(도보 3분) 이내에 외지인의 출입이나 접근이 있는가	2
주택의 주차시설과 공간은 야간에 사용 시 안정성과 용이함이 있는가	1
주택이 자연재해(산사태, 지진, 해일, 홍수 등)로부터 안정성을 갖추고 있는가	3

② 교육환경

	점수
학생들의 거주지는 주변 동일한 수준의 주택으로 단일화된 편인가	2
주택 거주자들의 전반적인 소득 수준과 교육열은 높은 편인가	2
초등학교는 접근이 용이하고 도보로 안전하게 등하교가 편리한 편인가	1
중고등학교는 접근이 용이하고 좋은 면학 분위기가 형성되어 있는 편인가	1
사교육시설(학원) 접근이 용이하고 다양한 선택이 가능한 편인가	2

③ 교통과 도심접근성

	점수
중심업무지구로 대중교통을 통해 편리하게 접근할 수 있는가	3
주택에서 고속도로로의 접근이 용이한가	2
주택에서 도시고속화도로로의 접근이 용이한가	3
주택에서 대중교통망과의 연계성이 우수한가	3
주택에서 지하철역과의 접근성이 용이한가	3

④ 자연환경 인접/조망권

	점수
집 안에서 강, 호수, 천과 같은 자연적인 물이 보이는가	3
주택 주변에 강, 호수, 천과 같은 자연적인 물이 있는가	2
집 안에서 인공장애물이 없이 자연의 녹지가 보이는가	3
주택 주변에 자연적인 녹지나 인공적으로 조성한 공원이 있는가	3
집 밖으로 조망권이 얼마나 멀리 확보되는가	3

A 아파트

① 치안: 11점×15%=1.65점

② 교육: 14점×15%=2.1점

③ 교통: 9점×60%=5.4점

④ 환경: 12점×10%=1.2점

가중치 환산점수 = 10.35점

B 아파트

① 치안: 10점×15%=1.5점

② 교육: 8점×15%=1.2점

③ 교통: 14점×60%=8.4점

④ 환경: 13점×10%=1.3점

가중치 환산점수 = 12.4점

이제 주말을 이용해서 후보 입지에 대표매물을 차례대로 방문해보자. 또 월세 현금을 가지고 매물 간에 ⓕ 적정가격을 평가해보자(270페이지 참조).

그 후의 프로세스

④ 입지 선정

이런 결과를 종합해서 입지를 선정한다.

⑤ 입지 후보 매물 방문

입지가 정해졌다고 하더라도 그 지역에서는 대표 매물 1개만을 본 것이므로 중개업소에 비슷한 후보 매물을 1~2개 더 소개받아 방문하면 좋다. 다른 지역에 비해서는 좋은 평가를 받았지만 같은 입지 안에서 더 나은 매물이 있을 수 있기 때문이다.

⑥ 최종 선택 및 계약

　모든 프로세스를 거쳐 결정한 매물을 최종으로 선택하고 계약한다.

똘똘한 아파트 마련을 위한 십계명

제1계명 미혼 때부터 주택 마련 계획을 세우라
제2계명 골든타임(15년) 안에 살 수 있는 최고의 집을 사라
제3계명 자녀 입학 전, 무주택 시기에는 최대한 집 규모를 줄이라
제4계명 목표 주택으로 가기 전, 청약통장을 디딤돌로 삼으라
제5계명 부동산 중개업소 사장님과 친해지라
제6계명 주택은 반드시 대출받아서 사라
제7계명 위치가 나쁜 큰 신축보다 위치가 좋은 작은 구축을 사라
제8계명 무조건 공동주택, 되도록 500세대 이상인 주택을 사라
제9계명 지역별 으뜸 주거지 또는 그에 가까운 주택을 사라
제10계명 갑자기 비싸진 집, 그 이유를 모른다면 구매를 피하라

부록

알아두면 유용한 사이트

대표적인 부동산 정보 사이트

- **국토교통부 실거래가 공개시스템(rt.molit.go.kr)** | 정부에서 제공하는 실거래가 데이터
- **KB부동산(kbland.kr)** | 국민은행에서 운영하는 종합 부동산 정보 사이트
- **네이버부동산(land.naver.com)** | 네이버에서 제공하는 부동산 시세 조회 서비스
- **부동산114(r114.com)** | 시세 분석, 투자 정보 등 제공
- **부동산플래닛(bdsplanet.com)** | 재개발, 재건축 정보 등 제공
- **아실(asil.kr)** | 아파트 실거래가 정보 사이트
- **호갱노노(hogangnono.com)** | 실거래가 비교, 학군 정보 등 제공
- **다방(dabangapp.com), 직방(zigbang.com)** | 원룸, 오피스텔 중심 전월세 플랫폼

청약

- **청약Home(www.applyhome.co.kr)** | 한국부동산원에서 운영하는 분양 정보, 청약 플랫폼. 주로 민영 아파트 대상
- **LH청약플러스(apply.lh.or.kr)** | 한국토지주택공사(LH)의 전국 공공분양 정보, 청약 플랫폼
- **SH인터넷청약시스템(i-sh.co.kr)** | 서울주택도시공사(SH)의 서울시 공공분양 정보, 청약 플랫폼
- **GH주택청약센터(apply.gh.or.kr)** | 경기주택도시공사(GH)의 경기도 공공분양 정보, 청약 플랫폼

통계, 정보

- **토지이음(luris.molit.go.kr)** | 국토교통부에서 운영하는 토지이용규제·도시계획 서비스 포털
- **SEE:REAL/씨:리얼(seereal.lh.or.kr)** | LH에서 운영하는 부동산 정보 사이트
- **R-ONE 부동산 통계정보(reb.or.kr)** | 한국부동산원에서 운영하는 부동산 정보 사이트
- **한국은행 경제통계시스템/ECOS(ecos.bok.or.kr)** | 한국은행 작성 통계를 포함한 국내외 기관 700여 개의 통계 제공
- **국토교통 통계누리(stat.molit.go.kr)** | 국토/도시, 주택, 토지, 건설, 교통/물류, 항공, 도로/철도 등 7개 분야의 국토교통 주요 통계 제공
- **국토연구원 부동산시장정책연구센터(kremap.krihs.re.kr)** | 부동산시장 진단과 전망, 정책 연구 자료 제공
- **한국개발연구원/KDI(kdi.re.kr)** | 부동산 시장 동향 분석, 정책 연구

행정

- **일사편리(kras.go.kr)** | 부동산 통합 민원 사이트
- **정부24(gov.kr)** | 건축물대장, 토지대장, 지적도, 주민등록등본 등 발급
- **대한민국법원 인터넷등기소(iros.go.kr)** | 부동산 등기부등본 열람 및 발급